校长妈妈的家教智慧

唐雅月 潘云芬 —— 著

XIAOZHANG MAMA DE JIAJIAO ZHIHUI

北京师范大学出版集团
BEIJING NORMAL UNIVERSITY PUBLISHING GROUP
北京师范大学出版社

图书在版编目（CIP）数据

校长妈妈的家教智慧 / 唐雅月，潘云芬著 .— 北京：
北京师范大学出版社，2023.11
 ISBN 978-7-303-29315-5

Ⅰ．①校… Ⅱ．①唐… ②潘… Ⅲ．①家庭教育
Ⅳ．① G78

中国国家版本馆 CIP 数据核字（2023）第 131944 号

教 材 意 见 反 馈　　gaozhifk@bnupg.com　010-58805079
营 销 中 心 电 话　　010-58802135　58802786
北师大出版社教师教育分社微信公众号　　京师教师教育

出版发行：北京师范大学出版社　www.bnupg.com
　　　　　北京市西城区新街口外大街 12-3 号
　　　　　邮政编码：100088
印　　刷：保定市中画美凯印刷有限公司
经　　销：全国新华书店
开　　本：787 mm×1092 mm　1/16
印　　张：10.5
字　　数：128 千字
版　　次：2023 年 11 月第 1 版
印　　次：2023 年 11 月第 1 次印刷
定　　价：58.00 元

策划编辑：伊师孟　　　　　　责任编辑：杨磊磊
装帧设计：陈　涛　焦　丽　　美术编辑：陈　涛　焦　丽
责任校对：陈　荟　　　　　　责任印制：马　洁

版权所有　侵权必究

反盗版、侵权举报电话：010-58800697
北京读者服务部电话：010-58808104
外埠邮购电话：010-58808083
本书如有印装质量问题，请与印制管理部联系调换。
印制管理部电话：010-58805079

前 言

母亲从 22 岁开始当老师，至今已 34 年。在这 34 年中，她管理着许许多多的学生和老师，也管理着一个女儿。母亲和老师，这两个天生有着许多重合点的角色，似乎融合成了很好的土壤，滋养了我们俩之间许许多多关于成长和教育的经典故事。我时常在想：究竟是因为她是个细心、敏锐的母亲，所以才是个好老师，还是当老师的经验、技能，帮她成为更好的母亲？

怎样才算一位好母亲？这是个很难回答的问题，每个人心中好母亲的标准都是不同的。但不管用怎样的标准来衡量，我的母亲都是一位好母亲，最重要的"证据"是我自己。人们说，你和母亲的关系决定了你和世界的关系。从这个角度看，我和世界相处得很不错。我是个快乐、自信、自洽的人，即使已经步入 30 岁，依旧对这个世界充满好奇，依旧在探索无穷无尽的乐趣和自我成长的空间。作为教育者，我们常常说，要让孩子拥有终身学习的习惯，要保护他们的好奇心和探索欲。现在，我正在体会和享受它们带给我人生的无数好处，而我知道这和母亲对我的教育密不可分。我和母亲至今保持着频繁交流和深度交谈的习惯，经常一聊就是几小时，从生活八卦、学习工作到苦闷委屈、人生感悟，无话不谈。我们成为彼此最重要的学习对象和情感支撑。如果说前面所描述的母亲对我教育的结果都不够具象的话，那么最后这一条：在成年成家后依然亲密无间的母女关系，则毫无疑问是让周围人最羡慕不已的教育成果。

如今，我作为入行 7 年的教育者，和母亲的相处也从单纯的母女交流变成了两个教育者的互动。在日常交流中，妈妈经常会讲起我小时候的故事，很自然地，我也会对她讲起那些对我而言重要的成长记忆。除了回忆过去的温情，在交换故事的过程中，我们还发现了一些隐藏的真相——有的让人捧腹大笑，有的让人感动心酸，有的让人反省深思。因为是从教育者的视角出发的，这些故事便不再只是私人的回忆，而是拥有了被探讨的价值。

每当我们将这样的成长故事和教育反思分享给周围的人时，大家总是饶有兴趣，听得津津有味。为人子女的朋友，对这些故事深有感触，认为讲出了他们难以言说的成长隐痛和复杂感情；为人父母的朋友，在这些故事中总能获得新鲜有用的教育感悟，这些感悟启发他们做更了解孩子的成长型父母。

于是，我和妈妈意识到这些故事有着更大的作用和价值。在2020年的三八妇女节，我在自己的"来往者"公众号上和母亲一起开启了教育专栏——"成长的耳朵"，开始每周一次地讲述我们母女30年中那些饱含深情与深思的成长故事。那是一份礼物，是我送给母亲的礼物，也是我和母亲一起送给更多人的礼物。

我们讲述的是怎样的成长故事？

我们讲述的是一对母女在30年的成长过程中遇见的24个主题，是母亲和女儿在成长互动中的结与解，是"日用而不知"的教育契机，是完整的教育之路上终会遇见的场景与话题，是真实得像是发生在你的人生中的故事。

为了更好地帮助读者阅读，这些故事被安置在三个成长阶段：少年、青春、成年。每个人在不同的成长阶段，都有着不同的成长主题，家长需要对这些成长主题有所意识，从而扮演不同的角色，采取不同的对策。例如，在孩子的少年时期，父母如何有效地陪孩子玩耍？如何回答孩子古灵精怪的问题？职场父母如何应对缺少时间陪伴孩子的困境？……在孩子的青春时期，如何教孩子处理与他人的矛盾？如何应对孩子不合理的要求？如何保证教育过程中的程序正义？……在孩子成年之后，如何与孩子在保持亲密关系的同时保持边界感？如何为孩子选择人生导师？如何教孩子辩证地看待困境？……

24个主题故事，一部分是直接发生在我和母亲身上的，另一部分是我和别人互动时，母亲是如何介入并开解我的。在这些直接或间接的教育场景中，母亲和我的关系时而像导师与学生，时而像教练与选手，时而像对手。观察、引导、纠正、较量，这些都是母女间常常发生的互动。当我们在谈论孩子的成长时，其实往往不只是孩子在成长，母亲也在发生变化，也在成长。好的亲子关系永远不是单方面的灌输，而是双向的互动。在一次又一次的争吵、微笑、流泪与进步中，关系不断增强，且变得更加健康、坚韧和稳固。24个故事就像一年中的24个节气，象征着成长之路总要经历春夏秋冬，如此才能完整。

为什么选择讲故事而不是讲理论？

教育是我和母亲的专业。妈妈是中国20世纪80年代师范院校的大学生，我是美国宾夕法尼亚大学教育专业的"90后"研究生。按理说，中西方的教育理论我们都很熟悉，但在本书中，我们放弃从那些庞杂的教育理论入手，并不是因为教育理论不重要，而是因为重要的教育观点更需要用大众能理解的方式和语言传达。我们不想用高深的理论语言吓住那些在现实人生中努力学着做好父母角色的大人，也不想用复杂的学术概念定义那些在鲜活的生活中一天天成长的孩子。在现实生活中，当父母、做子女大都是凭着一种直觉。很少有父母在面对孩子打破一只碗时说："等一下！我去翻一下教育理论的书，看这样的情况，应该是用皮亚杰的儿童阶段发展理论，还是用杜威'教育即生活'的思想来处理。"这当然是一种夸张的描述，但我想表达的是：大多数时候，教育契机的产生是瞬间的，教育行为的选择是当下的，而最后如何应对，都只能靠一种教育直觉。

那这是不是代表家长当得好与坏，先天就已决定了呢？当然不是。直觉是可以后天养成的，它是一系列知识、经验和反思总合的结果。简而言之，它是可以通过有意识地学习来改变和提升的。想要做一名好家长，不断地学习进步永远是最有效的途径。

我的母亲也是如此。在我的成长过程中，她的教育"雷达"比较敏感，教育直觉比较准确。我的母亲拥有一个爱反思的大脑，加上专业知识和长久当老师的实践经验，这一切转化成她的教育直觉。而之后对这些故事的选择、提炼和讲述，也是我们两人共同的教育专业知识和教育工作经验促成的。这就是我们这对母女在教育这件事上的特殊之处，把教育理论的精髓用大众能听懂的日常语言，用发生在大众身边的故事，讲给大众听，让家庭教育这件事被大众理解。被理解的事情才有意义。

除此之外，选择讲故事还有如下原因。

1. 听故事更有趣

我和母亲做这件事的动力，源自讲述这些故事的乐趣。因为乐趣，才产生了更多的思考；因为有趣，这些故事才被传播得更广。同样，家长朋友通过看这些故事产生乐趣，才会愿意关注更重要的教育理论，从而得到启发，去思考如何更好地与孩子相处。

2. 带入性和实用性更强

人们从故事中获取信息、认知和智慧，几千年来一直如此。我们给大家讲的故事有背景、有细节、有鲜活的人物和对话。因为我们相信，只有在真实的故事中，才能代入类似的情景，感受相似的情绪，才能更好地举一反三。这些真实的成长细节才是教育的落脚点。

3. 相信一点一滴的力量

在教育这件事上，没有一劳永逸的神奇魔法，一点一滴的改变拥有比你想象的更大的力量。没有一个放之所有家庭都奏效的神奇理论，反倒是一个故事、一个道理、一个改变更有效果。享受一点一滴改变的过程，感受日积月累带来的蜕变。

4. 从听故事的人变成讲故事的人

我们选择讲故事，最终是希望你们能够创造出与自己孩子的独特而永恒的故事，让你们和自己的孩子成为主角。最好的故事永远是自己的故事。

为什么有些故事是我讲，有些是妈妈讲？

视角的不同决定了故事的不同。孩子与父母，因为年龄和角色的不同，对于同样一段成长时光，或许有着完全不同的记忆和认识。"不要你觉得，我要我觉得"，倒是可以准确描述一个相当重要却又容易被忘记的事实——感受永远是主观的、私人的。我和母亲对于过去 30 年中印象深刻的成长故事有着不一样的回忆，有一些之于母亲而言漫不经心的瞬间对我却是刻骨铭心的记忆，有一些我懵懂无知的行为对于母亲却是醍醐灌顶似的警醒，或是同一段回忆中有着我们俩都没有告知彼此的秘密……

我们无法只讲母亲眼中的我，或是我眼中的母亲。因为一个人的视角无法呈现属于我们两个人的完整故事，就像左眼和右眼同时睁开才能看到一个真实而清晰的世界；所以 24 个故事，有些是从我的视角讲述的，有些是从母亲的视角讲述的。每个故事开始前也会用「妈妈说」或「女儿说」的引言让读者一目了然，明白应该从谁的视角去阅读这个故事。

在每个【故事】之后，都会有我们共同参与的【对谈】和【反思】。在【对谈】中，我和母亲会去填充故事背后的细节，还原故事发生时彼此的想法，交流故事带来的思考和启发。在【反思】中，我们会将故事提炼成重要的成长启示和教育建议。在每一个故事发生的当下，母亲和我的反应都是即时的、自发的，来不及细细地考量。年轻时我们也许无法完全了解当下各自的动机、意图以及对未来长远的影响，但经过了 30 年的母女关系的体验，拥有了两代教育者的知识和经验，最重要的是，拥有了反思的习惯和能力，再去回望这些故事，让我们对女儿和母亲的成长都理解得更为全面。而每一次开启这样的回忆、对话和反思，对我和母亲都意义重大。因为能够在多年之后坦诚温和地直面我们共同的过去，这个过程本身就很"治愈"。

有时候，我们常常容易忘记：每个孩子只长大一次。当把一个孩子的全部时间加起来，减去在学校、睡觉以及其他不属于和父母共度的时光，剩下的时间还有多少？在上大学之前，一共约有 940 个星期六！听起来可能很多，但其实很多时间已经流逝，如果你的孩子5岁了，那么260个星期六没有了，如果你的孩子10岁了，那么520个星期六没有了。很难以想象，对吧？还忘记提醒的是，当孩子越长越大，他的周末中属于你的时间会越来越少，那些时间将会分给他的朋友和他对外面世界的向往。因此，作为父母，如果能带给孩子更好的成长之旅，那么当有一天回首过去，会少很多遗憾，多很多精彩。

如今把这些故事、对谈和反思集合成书，对我和母亲而言，意义重大。我们终于将当初写专栏的承诺实现，将这份礼物打造得更好，送给了更多朋友。很多事情都可以通过学习做得更好，做父母也不例外。虽然好的父母是各种各样的，没有统一的模板，但是毫无疑问，好父母绝不是模糊的身影，他们的好能通过一个个真实的故事透射出来。虽然不存在一种绝对正确无误的家庭教育，但通过这本书，希望家长能避开一些会对孩子成长造成长久消极影响的做法，把更多的时间用来创造更多美好的回忆。

这本书有很多种阅读方式，你可以把它当作一本斗智斗勇的成长故事会，一本母女关系的解读手册，也可当作家长课程、教师培训的参考资料，等等。因为你可以在本书中——

- 找到成长教育中的典型问题和解法；
- 发现一个人的品格思想的来源；
- 了解一个教师家庭是如何教育孩子的。

亲爱的读者，无论是出于什么原因，当你拿起了这本书看到了这里时，我们都希望你在看到这本书最后一页时，已经找到如何成为更好的家人的途径。

目录 CONTENTS

少年阶梯 001

第一篇　陪小孩玩这件小事，有着大学问 / 003

第二篇　孩子稀奇古怪的问题中都藏着什么秘密？/ 010

第三篇　父母工作太忙，孩子心有怨言 / 015

第四篇　孩子做事敷衍，是成长亮黄灯的信号！/ 022

第五篇　小孩子也会孤独吗？/ 028

第六篇　自由的孩子才会自主 / 033

第七篇　孩子惧怕犯错，家长该如何反思自己？/ 038

第八篇　从规则到原则，那些被错过的教育时刻 / 043

青春风暴 049

第九篇　理解亲情，父母是孩子的镜子 / 051

第十篇　孩子炽烈的"不合理"请求，家长如何应对？/ 055

第十一篇　老师和家长的联盟，是利是害？/ 060

第十二篇　响鼓不用重锤敲，如何制造孩子的顿悟时刻？/ 066

第十三篇　有爱好的孩子，人生才不会单薄 / 072

目 录 CONTENTS

第十四篇　代沟不填平，小心变亲情鸿沟 / 083

第十五篇　父母重结果，孩子重过程，矛盾如何化解？ / 088

第十六篇　你真的会安慰孩子吗？ / 094

成年港湾　101

第十七篇　解铃还须系铃人，母女的心结与和解 / 103

第十八篇　什么样的成人礼能让孩子铭记一生？ / 109

第十九篇　孩子想出国留学，父母该做何抉择？ / 118

第二十篇　如何为孩子选择人生导师 / 122

第二十一篇　走得出困境的孩子，将得到一副精神盔甲 / 127

第二十二篇　远洋留学，是镀金谎言还是蜕变成蝶？ / 135

第二十三篇　朋友的力量，有时候比父母还大 / 142

第二十四篇　从爱情到婚姻，校长妈妈如何为女儿护航？ / 152

后　记 / 158

少年阶梯

SHAONIAN JIETI

当一个人慢慢脱离婴孩状态，开始以个人姿态跌跌撞撞探索世界时，父母最重要的任务就要从养育孩子转向教育孩子。对于刚刚进入纷繁世界的孩子来说，每一种体验都是崭新的，每一种情绪都是陌生的。这个时候，他们急需一个"翻译者"，以帮助表达自己，解释世界。作为父母，承担起"翻译者"的角色，责无旁贷。为了当好这"翻译者"，在此阶段最重要的任务就是了解孩子，理解孩子。了解是一种感性的认识，代表清楚他们的性格、爱好等。比了解更深入的是理解，这是一种理性的认识，意味着明白孩子的言行，懂得他们的心。

　　少年时期，丰富有趣的世界初体验、初步形成的规则意识、与自我和父母健康的关系都是建造未来成长大厦的重要基石。幸福的人一生被童年治愈，不幸的人一生都在治愈童年。如果父母能做好少年成长阶梯的搭建者，那么他们通往下一个人生阶段的道路会更加稳固、宽广。

第一篇　陪小孩玩这件小事，有着大学问

「妈妈说」在孩子小的时候，陪他们玩是很重要的事情。不仅因为爱玩是孩子的天性，能带给他们快乐，而快乐能滋养出积极的情绪和乐观的性格；更重要的是，在陪孩子玩的过程中，父母能与他们建立起亲密关系，同时还能培养他们观察、动手、思考等很多重要的能力。孩子对玩有兴趣，才能发展起对世界的兴趣。孩子不会玩从某种程度上说是一种缺陷。家长该怎样陪孩子玩，怎样教孩子玩呢？

故事——最有温度的玩具是和你一起经历

1. 在沙坑里教识字

在镇上教书的时候，我们住在学校里。校园里有一个沙坑，女儿每天都会和她的小伙伴在沙坑里待上许久。回到家，头发里、衣服口袋里，浑身上下都是沙，女儿却毫不在意，并且乐此不疲。虽然每次清洗都让我很崩溃，但是看她如此喜欢玩沙，我便觉得这是一个很好的机会——利用她的喜好来教她认字。

第一个在沙坑里教的字，便是"沙"字。我教她用手指在沙上面写"沙"字，让她用手感受沙子的质感，用鼻子闻沙子的味道，用耳朵听沙子从指缝滑落的声音。这样，她对"沙"字的认知有颜色，有气味，有声音，而不仅仅是书本上冰冷的文字。会认"沙"字了，我便教她组词，从"沙粒"到"沙坑"再到"沙

漠"。我告诉她很多很多细小的沙粒像这样堆在一个坑里,就叫沙坑;如果地面上全是沙,很难看见绿色植物的地方就叫沙漠。等你长大一些后,妈妈就带你去真正的沙漠看一看。沙漠是一个很神奇的地方,有一种动物的家就在沙漠。这种动物叫骆驼。就这样,我开始教她联想。例如,"把沙子用布袋子装成一包一包的,你觉得叫什么?"她能说出"沙包"这个词。就这样,沙坑变成了女儿天然的练字板和画板。女儿常常在沙坑里"种树""修路""建房子"……沙坑成了她儿时重要的游乐场,承载着她的乐趣、想象和童年。

2. 打乒乓球赢了还是输了?

在小镇生活的时候,打乒乓球是我们家很喜欢的业余运动。女儿很喜欢看我和她爸爸打比赛,每次结束之后,总是追着我问:"妈妈,你赢了吗?"我不会直接回答,而是说"赢了3局,输了4局"。听到我的回答,女儿眉头紧皱,一脸不解。我的这个"小伎俩"显然超出了她的能力范围,然后她就会特别着急地追问:"那到底是赢了还是输了?"

虽然知道她还不知道怎么去计算,加减法的应用也还不熟练,但这不妨碍在生活中培养她的数学感觉。慢慢地,这种感觉会变成她学习时的数学直觉。所以我告诉她:"那你看看,是输的数字大还是赢的数字大?输的数字大就代表妈妈输了,赢的数字大就代表妈妈赢了。"

"你输的数字比赢的数字更大,所以你输给爸爸了!"女儿很快回答道。

等她回答完,我再告诉她:"要判断输球还是赢球,先要看哪个数字大,如果赢的数字大,就是赢;如果输的数字大,就是输,用大的数字减去小的数字就是赢的或者输的局数。那你现在知道妈妈输了几局吗?"

女儿立即回答道:"4-3=1,所以你输了1局!"

我笑着表扬她:"对啦!我们雅月真棒!"

就这样,女儿站在乒乓球桌旁慢慢学着给我和她爸爸计分,算着输赢,也开始和我们一起打球,渐渐也长大了。

3. 一个月是多久？

有一次带女儿去参加朋友的生日，准备吃蛋糕时，女儿说："妈妈，我也要过生日。"

我说："还有一个月就是你的生日了，到时候，妈妈给你买一个大的生日蛋糕。"

她又问："妈妈，一个月是多久？"

我想了想，觉得不好回答，于是就说："回家后妈妈再告诉你。"

回家后，我指着墙上的挂历，告诉女儿："我们在日历上把今天圈起来，以后每过完一天我们就把这一天圈上，一直圈到3月12日你生日那天。自己记住的就画黑色的圈，妈妈提醒或者忘记后补画的就画紫色的圈，每到第七天就画红色的圈。"

于是女儿就按照规则在日历上画圈，越临近生日她就越开心。

到生日那天，我对她说："数一下，你画了多少个圈？有几个紫色的圈？有几个红色的圈？一个月到底有多久？"

一个5岁的小孩很难理解时间这么抽象的概念，所以我将时间转换成生活中具体可感的事物，用这样的方式让她对一周、一月有了切身的体验和感受，也让她明白了坚持不容易，但心中有一月，笔下一天天，一点一点做下去就是坚持，而那些圆圈就是她坚持的痕迹，生日蛋糕就是坚持后的奖励。

对谈

女儿：说实话，小时候的玩具不多，却一直觉得我的童年挺好玩的。那时你会创造一些适合儿童玩的游戏。可见真正的乐趣不是玩什么，而是怎么玩。你当时都是怎么想出这些游戏的？

妈妈：其实很多游戏也不是妈妈一开始就想出来的，而是从你的"十万个为什么"开始的。每当你提问的时候，我都会比较在意，不会随便给一个答案敷衍你。这或许与我的职业有关，学生有问题的时候，我一般也不会直接给答案，而是会通过反问或者"搭桥"，让他们自己开动脑筋。久而久之，这也就形成了我的教学习惯和思维习惯，进而也带入了对你的教育中。然后，我会想办法在生活中就地取材。因为你还太小，很难理解抽象的概念，我需要把很多信息转换成生活中你熟悉的事物来打比方，做关联，让你尽量感受。这种互动，不仅能让你理解抽象的概念，而且会让你觉得平凡的事物趣味无穷。总之，我会避免直接给你一个抽象的答案。而你的有些问题真的不好回答，如"什么是大人？"然而我不会放弃，也尽量不用"你长大就知道了"来搪塞你，这些都迫使我绞尽脑汁地想。

女儿：那你觉得这些互动的游戏跟买给我一个玩具有什么差别？

妈妈：在你小时候，没有那么多玩具卖，我也没那么多钱给你买。妈妈和你玩的这些游戏，都需要你去体验，其中蕴含着我的一些有目的的教育，让我能够观察你的学习品质和思维品质。你学会后，也会用类似的方式与其他小朋友互动。会玩的小朋友通常更受欢迎，所以你小时候是孩子王，小朋友都爱跟你玩。这样也让你更合群，更乐群。而大多数玩具太局限于孩子独自玩，虽也有乐趣，但我更希望你能和小朋友一起玩。

女儿：我觉得这也可能是我现在很喜欢跟人互动、交流感受的原因之一。由于没有太多玩具，因此我更多地在真实世界里玩耍，所以我的感官变得非常灵敏，每时每刻都在捕捉周围世界的变化，对一切都充满好奇。后来这些感官能力进一步成为我的感受能力，让我对事物、生活、人和情感都特别敏感。

妈妈：妈妈讲的这些游戏你都还记得吗？

女儿：有的记得，有的已经记不太清了。可是每次听你讲起，我都感觉特别温暖。这些专属于我的游戏，是别的小朋友没有的，是独一无二的。因为这些游戏，物体都有了有趣的生命力，整个世界仿佛都是我的玩具。更重要的是，这些游戏让我觉得童年被你的在意和爱意包围，所以才有这句话：幸福的人一生被童年治愈，不幸的人一生都在治愈童年。

反思

1. 好学的人,整个世界都是其游乐场

学习能力只是一个符号,它的本质是感受力、记忆力、联想力、想象力、模仿能力、反思能力等具象能力的综合体现。家长常常过于简单地理解学习,以为学习只跟知识相关,而知识又被过于简单地解读成某种可展示的、可量化的技能,然而知识技能只是学习的一部分,观察是学习,倾听是学习,触摸是学习,想象、模仿、反思都是学习。重要的是,让孩子看到学习这扇门后是不同的风景,而不是每次打开这扇门看到的都是课本和试卷。想要让孩子爱上学习,擅长学习,就一定要培养他们对学习这件事的好感,不要让他们在很小的时候就形成学习很枯燥、很无趣的印象。将学习跟他们喜欢的游戏结合起来,将学习这件事分解成生活中一件一件有趣的小事,不仅更符合儿童学习的规律,而且会增加他们对于学习这件事的好感。当你把整个世界都变成他们的游乐场,终身学习者从此就诞生了。

2. 抓住时刻的力量,将平淡变成欣喜

欣喜的时刻值得细细品味。有些欣喜是自然而然产生的,比如某个让你回想起来笑逐颜开的夏日傍晚,或是与好友同步理解一个笑话时的默契对视。然而除了自然产生,这样的欣喜时刻也是可以被打造的。

我有一个很喜欢的故事——《度假的乔西》:

> 一个小男孩和家人度假归来,发现自己心爱的玩具长颈鹿"乔西"被遗忘在酒店。小男孩哭闹不已,眼看着一场小小的家庭危机就要爆发,父亲马上安慰孩子道:"乔西只是还在度假。"然后,他赶紧联系酒店的工作人员,请他们寻找乔西并尽快寄回。与此同时,这位父亲也请工作人员先

拍一张乔西的照片传过来,好让孩子看到后安心。但出乎意料的是,酒店的工作人员发来的不是一张照片,而是一整部相册——乔西躺在游泳池边的长椅上;乔西开着高尔夫球车;乔西在水疗馆做美容,眼睛上还敷着黄瓜片;乔西和酒店里的鹦鹉聊天……因为这个既用心又好玩的举动,酒店把一段不愉快的小插曲转变为这一家人可能终生难忘的回忆。

打造这种时刻,并不需要宏大的剧本或周密的筹备,所需要的只是用心。同样,在跟孩子互动时,家长若能抓住时刻的力量,平淡就会变成欣喜。想要做到这一点,第一要善用"当下"。比起刻意寻找契机,善用当下更有顺水推舟的效果。善用当下可以是顺势而为,也可以是就地取材。善用这些当下,家长就不会有一种"无中生有"的感觉,孩子也会更有参与互动的欲望和兴趣。第二要勤于"当下"。家长在遇到可以发挥的时刻时,心态上要勤劳一些,行为上可化简为繁。比如,在面对孩子的提问时,除了直接告诉答案,可不可以用别的物件来代替自己说?除了说,可不可以让他们用眼观察,用手触摸?或者反问孩子?问题有时也可以被问题回答。当无数个当下被把握,无数个时刻被积累,一段丰富的经历就被创造出来了。

3. 最有温度的"玩具"是和父母一起经历

如今的孩子拥有各种各样新奇的玩具,玩这些玩具时,他们能体会到很多快乐和新奇的感受,那是对玩具本身的反馈。家长还需要给孩子补上的是共同经历中的相互之间的反馈。孩子和家长的直接互动会带来一个非常重要的视角——对人的观察。家长能更好地观察孩子,了解他们的性格、爱好,知道他们喜怒哀乐的来源。孩子也能感受到家长的反馈,如家长对他们的问题是认真思考还是敷衍了事,对他们的言行是赞扬还是反对,甚至家长那些一闪而过的眉宇间的担忧、眼中藏不住的骄傲,或者嘴角的微笑,他们都能捕捉到。这些

"察言观色"的行为让孩子的乐趣超出了互动本身。它们还是一种隐形的能力训练,能让孩子学会如何在别人身上得到他们对自己的反馈,从而进行自我矫正。更重要的是,因为有了专属的心思和爱意,这些互动会变得与众不同而且充满力量,即便终有一天它们会过时,会被遗忘,但会留下爱的余温,帮助孩子积极成长。

第二篇　孩子稀奇古怪的问题中都藏着什么秘密？

「**妈妈说**」每位妈妈应该都遇到过这样令人头疼的情况：孩子经常提出一些稀奇古怪的问题，有时候大人完全跟不上孩子的思维，有时候问题太棘手不知道怎么回答。孩子却不断追问，让人不知怎么办才好。女儿小时候曾经因为我去接她放学这件事追问了三天，最开始我不耐烦地回答，但当我真正听懂了她的心声，却忍不住心酸落泪。原来那些你以为不着边际的问题中，潜藏着孩子内心深处难以表达的炽烈的情感。

故事 ——对不起，宝贝！没有听懂你的言外之意

在女儿刚念完小学二年级时，我得到了一次调职的机会——从小镇中学调到县城一所新的中学。为了给女儿更好的教育，我和她爸爸决定由我先带着她搬到县城生活。她爸爸不在身边，我工作又很忙，因此实在无法像其他家长那样接送她上下学。尽管在陌生的环境里，尽管学校离家的距离比以前更远，我也只能很无奈地让她独自上下学，下雨天也如此。

有一天，学生放归宿假，作为班主任的我难得有空，就去了女儿的学校门口等着接她放学，那是搬到县城来后，我第一次去接她。下午5点的小学门口乌泱泱地站着一群家长，大家三三两两地交谈着，一看就是由于天天接送孩子，彼此熟悉，而我一个人也不认识。我站在学校门口，在一窝蜂似的向外走的孩

子们中很快发现了她，因为她的头发又长又多，我总是给她梳高高的马尾辫，用显眼的头绳儿绑得紧紧的。看着她和同学说说笑笑，想必今天过得挺开心，也许在课上得了很多小红花。我笑着看着她，叫她的名字冲她挥手，女儿转过头看见我，特别意外，连再见都没跟同学说就一路跑过来扑到我怀里，兴奋地问我："妈妈，你今天为什么来接我呀？"

我回答道："因为你乖呀！"

回家的路上，她一直笑着，一直聊着班上发生的各种新鲜事，我能感受到她的每一个细胞都因我来接她而兴奋着。

第二天她又问我："妈妈，你昨天为什么来接我呀？"

我又回答道："妈妈昨天不是告诉你了，因为我们雅月很乖呀！"

这次，她追问了："妈妈，我是怎么乖的？"

虽然不知道她为什么会这么奇怪地追问，但看来，这下我不能敷衍了，得想一个具体的理由，要不然总追着我问一样的问题。于是，我赶紧在脑海中搜索一个她不一样的表现回答道："你看，昨天早上没赖床，动作也很迅速。"

她回答道："那我以后都不赖床了。"

到了第三天，她又来问我："妈妈，你前天为什么来接我呀？"

我又回答道："妈妈昨天不是告诉你了，因为我们雅月很乖呀！早上都没赖床。"

她似乎不太满意，又问道："我好几天早上都没赖床，为什么只有前天才接我？"

面对执着的女儿，这次我必须得总结一下再回答，希望她可以就此打住，所以我说道："你表现很好，不只是起床动作快，还帮妈妈扫地和择菜，练字也很认真，老师还表扬了你！"

当我不断地变着法儿回答她的问题的时候，我才突然意识到，之前一直都没有听懂她真正的问题。她不是真的在问她怎么乖了，以求得表扬，而是试图从我的回答中总结规律。什么规律？妈妈会来接我的规律。妈妈说因为我乖才来接我,那什么才是妈妈眼中的乖?什么才符合妈妈眼中可以来接我的乖?她必须知道一个具体的"乖法",才可以继续这种"乖法",这样妈妈就可以经常来接她了。

那一刻,我除了感受到女儿的懂事和小心思,其实更多的是心酸和抱歉,即使过了这么多年,在今天重新讲起这个故事时也无法释怀。因为对别的小孩来说再普通不过的上下学接送,在我的女儿这里却成了一种要自己挣得的奖励。

对谈

女儿: 妈妈,当时为什么不直接回答"今天有空"?

妈妈: 我有空才能来接你,这是真实的原因,但因为真实,所以也残酷。看到你那么兴奋,我不忍心告诉你仅仅只是因为有空才来接你,这个原因太普通了,它的普通对不起你巨大的快乐。现在想来,当时那么做也许还有一个连我自己都没有意识到的原因——我想把责任归到你身上,接不接你取决于你的表现,而不是我有空与否。但事实是,无论你表现多乖,我都无法经常来接你。不想承认自己是一个还不够好的妈妈,只能让你当还不够乖的女儿了。

女儿: 哇,大人好狡猾!我那么小就开始背锅,还背得挺高兴……那你什么时候明白了我的真实意图?

妈妈: 当你说"我好几天早上都没赖床,为什么只有前天才接我?"时,你的反问让我意识到那不是你要的正确答案,或者说你认为我没有给出你能理解的答案,你还在进一步思考与总结规律。

女儿: 当知道我是期待你能经常来接我时,你是什么感受?

妈妈: 当然感到很心酸,但很快便回到母亲的另一面:"利用"你想我去接你这一点,提出更多的要求。所以我赶快搜索你表现得很乖的几件事,既不能敷衍,又不能说谎,同时又希望你能做好的事——起床动作快,帮妈妈扫地和择菜,练字也很认真,得到老师表扬,等等。

女儿： 我太单纯了！不过在大人与孩子之间，大人总是更"狡猾"。

妈妈： 这么说也可以吧，大人有"狡猾"的资本，有时也有"狡猾"的必要。做妈妈的总是要在慈爱与原则之间不断平衡，所以妈妈要心软，也要"心狠"。

女儿： 最后说一点，妈妈，其实在接送上下学这件事上，你并不需要觉得抱歉。你来接我，我的快乐是真的；但不来接我，我也有自己上下学的快乐：能和其他独自上下学的小伙伴说说笑笑，能在小公园边随心看风景，这也是别的小朋友感受不到的自在呢。

反思

1. 在意是对爱的最好的翻译器

很多时候，孩子并不是故意隐藏自己的真正意图，而是由于大脑还处于发育阶段，远不如成人拥有完整的思考和表达能力，只能用自己的方式摸索和表达。面对孩子的追问，首先要听完他们的表达，然后用成人的思维和对孩子的了解尽量把他们提供的信息整合起来，但最关键的其实不是父母的答案，而是父母的态度——在意他们。对孩子而言，你的在意会让他们获得一种安全感。

孩子在努力摸索着长大，希望父母多多在乎他们奇怪的表达。好奇一些，走近一步，多想一下，也许很多时候你会看到一个更值得爱的孩子。如果能做到，你会更能理解你的孩子，因为你的理解，孩子也会更愿意跟你说话。常有父母因为孩子不愿跟自己交流而苦恼，那么请回想一下你曾经有没有因为不在意而敷衍了事，因为觉得幼稚无趣而淡漠忽视。在那些错过的瞬间，你也错过了孩子想要展示给你的内心世界。随着孩子渐渐长大，那个内心世界会飞速变化，父母要记得常常去看看它的变化。

2. 孩子的成长信号无处不在

抛开感性角度，冷静地解读这个故事，还能发掘其理性的一面——故事中孩子不断追问的真正原因是"期待妈妈接我"。因为期待，一连串问题和行为就此产生。此时孩子的行为其实是在寻找规律，寻找妈妈会来接我的规律，然后重复该行为，以得到更多相同的结果。而这些都是成长信号——孩子在不知不觉中开始发展数学逻辑思维。如果妈妈当时能觉察到，并把握这个时机，用更多生活中的案例来进一步提升孩子的数学逻辑思维，并适时转移到其他生活场景中，那么孩子会慢慢得到更多的逻辑思维训练。

接收孩子成长的信号，抓住其学习欲望产生的时机，提出对孩子的教育要求，拓展他们的能力阈值，是一举多得、顺势而为的事情。孩子总是对世界充满了好奇，而有欲望就会产生学习的动力。学习绝非知识之积累，而是一种求知行为，是无止境的。

第三篇　父母工作太忙，孩子心有怨言

> 「**女儿说**」"顾得了一个班的学生，却顾不了自己的孩子"，这是许多教师家庭的真实写照。作为双教师家庭中的孩子，我对教师的忙碌深有体会。父母的职业决定了他们很少有时间陪我。说是天然就能理解他们，做一个懂事的小孩，当然是不容易的，哪个孩子不希望父母陪伴在身边？但小时候的经历确实让我没有办法埋怨他们，相反，我倒是很早就生出了一种共情，理解他们的难处。那么，作为一名从早自习守到晚自习"超长待机"的年轻老师，我的妈妈是怎么做的？当年的我又是怎么想的？

:-) 故事——对她也很难

从我有记忆开始，父母就总是在学校，在别的孩子身边。

小的时候，我还不会梳头。早上醒来后，家里是没有其他人的。我穿好衣服，端着一瓢水，拿着梳子，穿着拖鞋一路噔噔噔地跑到妈妈守早自习的教室门口，水也跟着洒了一路。水是梳头用的，我的头发太多又干燥，必须用梳子蘸水后不断地压一压才能扎紧。于是，端着水瓢，坐在教室门口的小板凳上等着守早自习的妈妈给我梳头，成为我人生中最早的记忆之一。

后来因为工作调动，妈妈带着该上三年级的我从熟悉的小镇来到陌生的县城，和爸爸异地。妈妈接送我上下学是不可能的。我上学的时候，她该去管别

的孩子了，放学的时候，她该改作业、和学生谈话、准备晚自习了，而这只是我们母女俩生活中的一个小小侧面。妈妈不仅没有时间接送我，也没有时间陪我吃饭，甚至没有时间在我的作业本上签字。那几年，我每天独自上下学，放学回家后，我会在餐桌上看见妈妈留给我的饭菜和纸条。我就按照纸条上的嘱咐吃饭，做作业，看电视，练琴。有时候，妈妈下班回家时我已经睡着了；有时候，吃完饭后我会跑到妈妈的办公室，如果有背书作业，就背"百家书"，办公室里哪个老师有空我就找他（她）背，如果有听写作业，我就把听写变默写。

如果说没有羡慕过那些天天有家长接送的同学，是假的；说从来没有抱怨过父母没时间陪我，也是假的。但是我从来没有产生过一种弱者心态，觉得自己比别的同学少了些什么，是真的。因为看到父母的时间给了谁，这给了我答案。在我成长的过程中，我能记住很多关于妈妈当老师的画面。

我记得她上课的样子——小时候，我偶尔会趴在教室外的窗台上看她上课，看到她在讲台上给一个班90多名学生讲课讲到声音嘶哑，下面却有学生嘻嘻哈哈讲话时，我会感到生气。我记得她改作业的样子——作业本从地上开始渐渐堆得像一座座小山一样，能与她的办公桌齐平；批注用的红墨水一瓶一瓶地耗尽，留在了那些作业本上，也留在了她的指尖。我记得周末她在家里伏案出卷子的样子——一坐就是一天。那个年代没有电脑，印卷子对于老师是最难的事。最开始是用复写纸一遍又一遍地写试卷，每次只能写四到五张，上百份试卷得重复很多次，花上许久。后来变成了刻蜡版。刻蜡版全部是手工，如果刻破了便不能使用，得重新刻。铁笔、钢板、蜡纸、油印机，早期的出卷子"四件套"成了我家的常用物件。而妈妈伏案出卷子的背影，在很长一段时间内都成为我心中最难忘的画面。

后来，我升入妈妈工作的学校读初中，妈妈却又被调到新校区开始进入管理层工作。于是我开始当"邮递员"，帮两个校区传递资料，周五把老校区的资料带回家给妈妈，周日晚自习时再带回给老校区的学科负责人。那段时间，其实发生了一些事情，妈妈一直都不知道。老校区负责英语学科的组长是个脾气暴躁的中年妇女，人高马大，说话刻薄。每当我拿资料给她时，她不仅没有一个谢字，还总是没有好脸色，即便对着我这样一个十二三岁的孩子，也时不时冷嘲热讽几句，想让我难堪。每次面对她，虽然生气，但我并不害怕，也从不回应她。不知为什么，那时的我心中特别明了，她就是因为妒忌妈妈的才干，又不敢当面表达，只能把恶意加诸我身上，以发泄情绪。

那是我人生中第一次意识到，原来妈妈的工作并不容易，除了表面的忙碌，还有隐藏的难处。我要用我的方式保护她，那就是当好这个"邮递员"，一点儿都不能有怯意。如果我表现出被那个老师的言语伤害到，她会得意，而我不能让她得意。我也要管好自己，因为妈妈也是普通人，她的精力有限，时间有限，她也会难过伤心，也会筋疲力尽。除了是我的母亲，她也是丈夫不在身边的妻子，也是工作中会遇到困难的职场人，而我只是一个需要长大的孩子。妈妈的角色比我多，我不能让她把自己的全部献给我，这对她不公平。

因为对我很难的那段岁月，对她也很难。

对谈

妈妈：为什么会想起讲这段经历？

女儿：妈妈，在回答这个问题前，我再给你讲两个小故事，你就知道啦！之前听到奥巴马和母亲的一个故事很有感触，就跟三鉴（我先生）分享、交流，结果他也想起一个他和母亲的故事。

1.奥巴马幼时和母亲相依为命，生活拮据，母亲因此一天要打好几份工。由于没有钱送他上国际学校，母亲决定亲自辅导，两人每天早上4:30起床，周一到周五从不间断。这样的强度连热爱学习的奥巴马也吃不消了，他跟母亲抱怨道："为什么我要这么早起床？这太难了！"母亲从不动摇，只是跟他说："小鬼，你知道吗？这对我也很难。"

2.三鉴小时候，有一天放学，雨下得很大，其他孩子都已经被家长接走了，而他的妈妈却没来。生气又委屈的他赌气冒雨走回家，心里暗暗想着：我就是要淋雨，就是要让你看见我淋雨后的样子，让你内疚！他攒足了资本铆足了劲儿准备回家耍浑。一回到家，妈妈看见他，立刻明白了怎么回事，包括他的小心思。还没等他开口，妈妈就说："没来接你，是我不对。整个下午我都在准备一个很重要的考试，没听见外面下雨。但你不要以为这样就可以乱发脾气，因为我也在忙，而且这个考试对我来说很重要。"他的气焰一下就灭掉了，并且将这个对话记到现在。

在这三个故事中，三个小孩都面临着相似的情况——一个忙碌的妈妈。三个妈妈都以自己的方式直面小孩的质疑，不逃避，不掩饰，不曲解，这份坦然与底气帮助孩子消除了对母亲的怨气，甚至多了些对母亲的理解。这让我想到了小时候那段时间的经历。那时候，你经常无暇管我，有担心过会影响对我的教育吗？

妈妈：不经常管你，不代表没有管你。因为自己要打拼，就常常想怎样用质量管理代替时间管理。管在前，不管在后，所以我就会抓住节点与关键，还会抽查与验收，要让你觉得不可以忽悠我。这就是底线。因此很多时候，把事情交代给你，看见你可以上手了，就不管了，都是逼出来的少管。

女儿：那你觉得一个事业型母亲对我的成长有什么影响？

妈妈：对孩子的影响，母亲的类型不是第一位的，母亲对教育的认识才是。事业型的母亲没什么不好，家庭型的母亲也没什么不好，都只是生活的一种正常状态。我们俩一直就是这样生活，也没有给你另外的生活样子，或许你认为这就是生活本来的模样，所以慢慢你也就接受了，习惯了，渐渐也就独立了。今天看来，这样的教育在不知不觉中培养了你的个性，让你更早明白你与妈妈一样，都是独立的个体，你有你的自由，妈妈也不完全属于你。

女儿： 这次讲这个故事的另一个原因也是希望让大家了解教师这个职业的另一面，即比较无奈的那一面。那对于教师如何更好地兼顾事业和家庭这个问题，你有什么建议吗？

妈妈： 我经常跟年轻老师建议，如果需要守晚自习，可以让孩子放学后到学校来和你在一起。第一，知道父母在哪里，看到父母在做什么，会让孩子有安全感，尤其是他们比较小的时候。第二，学校里有老师、高年级的学生和别的小朋友，可以形成一个天然的社交场所，这有助于锻炼孩子的社交能力，有助于他们良好性格的养成。

教师应该充分利用自己的职业优势，学会把被动的缺位变成培养孩子自主能力的契机。其实不仅是教师父母，所有职场父母都或多或少面临着"缺少时间陪伴孩子"的问题。这么多年，我从没听到家长抱怨陪伴孩子的时间太多了。几十年的教育经历使我见过各种各样的家长。把所有时间都给孩子的家长也不一定拥有良好的亲子关系；很少陪伴孩子的家长也能培养出优秀的、懂得感恩的孩子。总之，高质量的陪伴比长时间的陪伴更重要。

女儿： 确实，客观来说，你们陪我的时间很少，但一直以来，我并不觉得因为这个，我就有了资格来批判你们。因为你们从来没有在我面前呈现理亏的姿态，让我觉得我应该要求你们成为怎样的父母。

妈妈： 因为我们真没有觉得亏待了你（笑）。这就是我们家庭的生活状态，这就是自然的、正常的。没有很多时间陪你是一种遗憾，可是从另一个角度讲，也避免了让你成为一个有依赖性的孩子。

女儿： 你们时间上的缺位，也带给我一种能力上的"补位"，让我成为一个更独立自主的人。有失必有得，我也并不亏。现在回想起来，我的成长与你们工作的交集很好地保护了我们的关系，因为了解你们在做什么，让我不会对你们没有时间陪我产生误解。

反思

1. 父母不是超人，但拥有爱的超能力

有些父母因为职场忙碌而心生愧疚，觉得对孩子有所亏欠，于是产生了弥补心理，对孩子有求必应，对孩子的行为无限包容。一开始，也许看似有不错的效果，换来了孩子对父母的热情，但这种平和的家庭关系是一种不健康的表象，且有很大的隐患。渐渐地，孩子的要求和行为越发过分，而此时父母想要"悬崖勒马"，却来不及了。

父母的过分补偿行为对孩子来说是一种错误的信息反馈，那就是父母感到理亏，因此，孩子更加理所当然地站在道德制高点上。这种不平等的关系一旦在孩子的认知中建立起来，就会对教育产生巨大的阻碍。一旦父母想要破除这种关系，孩子的反抗就越发强烈，而父母又只能认输，长此以往，便陷入恶性循环。职场父母没有充足的时间和孩子在一起，这并不是父母的错。父母需要先解除把自己当作过错方的枷锁，不给自己做"有罪推定"，更不能让孩子有这种偏颇的"法官"视角。要让孩子知道，父母和你一样，能力有限，精力有限；也有情绪，会悲伤，会愤怒。父母不是孩子的"无限责任公司"，作为家庭成员，每个人都有自己的角色和责任，不用因为无法成为超人父母而感到抱歉，从而产生过分补偿的心理。这种补偿并不会让孩子得到什么，反而可能会让他们失去更多。

缺失的时间要靠相处的质量来弥补。高质量的陪伴不一定需要有大把的时间，陪伴的质量更取决于父母和孩子相处时的状态。24小时在一起也可能是低质量的陪伴，10分钟的陪伴也可能是高质量的相处。在跟孩子相处的时间里，给他们所有的注意力，当父母能够全身心地投入每一次能够与孩子相处的机会时，孩子会重获安全感，从而调整与父母相处的状态和期待。父母，是孩子生活环境中的一部分，孩子感知的不仅是父母所做的事情，还有父母做事时的状态。

当然，物理上无法跨越的距离也不能成为家长可以忽略孩子的理由，因为真正的关心与爱拥有超强的抵达能力。父母之于孩子是"有限责任公司",除了"有限",更要看到"责任"二字。

2. 避免"巨婴"从培养个体感开始

在每个家庭中,几乎所有的资源都会向孩子倾斜,这是出于父母的本能和爱,可以理解。但与此同时,父母也要在孩子心中树立一个天平,促使其去平衡索求和给予。如果孩子心中没有这个天平,长此以往,他们会失衡,一旦感觉少了一丁点儿的资源,就会觉得自己是"受害者"。爱总是主观的,可真实世界是客观的,它不会因为家长对孩子倾斜而倾斜。在这个端正的世界里,如果总是用倾斜的视角观察,便不能正确看待与他人的关系,总认为别人都应该为自己让步,"巨婴"由此产生,很多悲剧也就由此发生。

孩子应该在父母的帮助下成长,要长成一棵独立的树,而不是依附大树的藤蔓。因此在教育时,父母要有意识地培养孩子的个体感。有了对"自我"的认知后,孩子才会知道别人也有"自我",才不会要求甚至强求别人把自己放在首位。在人生的旅途中,不同的个体之间总会有不同程度的交集,父母、子女、朋友、伴侣……不同角色的交集让我们感受到与他人相关的幸福,但拥有自己是与他人相关的基础,没有任何一个人应该是另一个人的"子集",我们首先属于自己。

第四篇　孩子做事敷衍，是成长亮黄灯的信号！

「妈妈说」相信每一个孩子在成长的过程中都曾经有过敷衍了事的时候，可能表现在学习上，也可能体现在生活里。作为妈妈，当你意识到孩子有敷衍行为的时候，就要及时提醒、警告或者干预，要让孩子明白：妈妈是知道的，不要觉得可以蒙混过关。孩子对于做事标准的认知首先来自父母的反馈。如果父母在这方面过于放任，有可能会让孩子养成敷衍了事的习惯，待他们长大后再想干预就晚了。心中没有高标准，便很难做出有水准的事。女儿小时候，曾因为一次写作文被我狠狠地教训了，却也让她受到了记忆犹新的表扬，当时究竟发生了什么？

:-) 故事——哭着也要写完！

记得女儿上四年级时的一次周末，老师布置了一篇主题为"树"的作文。我看她进房间不一会儿就出来了，说作文写完了，要出去玩。我就问她写的什么作业，她回答道："作文。"一听是作文，我更觉得奇怪，因为她平时写作文远没有这么快，于是我让她把作文拿给我看看。一听到我要看作文，女儿神色有点慌张，这大概有点出乎她的意料，因为我平时很少检查她的作业。

看完之后，果不其然，整篇作文写得很差，东拼西凑，连字迹都很凌乱，根本不是她的正常水平。虽然平时对她的学业比较放手，但我很关注她的作文。

写作不仅能培养孩子的观察能力，而且能训练孩子的表达能力。作文是其知识和思想的直接体现，通过作文，我可以了解她的想法，知道对她而言重要的事情。因此，在她所有的作业中，我最关注她的作文，对她的写作水平非常了解。看到她写出这样质量的作文，我十分生气，一看就知道是因为想玩，所以敷衍了事。我把她狠狠地批评了一顿，让她回房间重写，直到写出的作文令我满意为止，否则就不准出来。

女儿早已被我训得满脸泪水，拿着本子不情不愿地回到房间。我看着她坐在书桌前拿起笔，眼泪啪嗒啪嗒地滴在作业本上，也许是觉得委屈，也许是见我刚才的态度不友好让她难以接受，但是看见我如此生气，也只得边擦眼泪边写。

差不多一个小时后，女儿写出了第二篇作文。那篇作文写得非常好，直到现在我都记得，写的是她小时候经常玩耍的沙坑旁的梧桐树。她写梧桐树如何随着四季变化；写她夏天时躲在树荫下乘凉，秋天时将落叶带回家做书签；写她最喜欢和小伙伴将落在地上的梧桐果踩得噼里啪啦响，用梧桐树枝在沙坑里作画……整篇作文写得十分动人，充满了真实的细节和情感，讲述了这棵梧桐树如何为她提供快乐，无声地陪伴她成长。普通的一棵树因为承载了孩子的童年而变得与众不同，充满灵气。

看到她写出这样好的作文，我开心地表扬了她，并给出了具体的理由："这篇作文把沙坑旁边的梧桐树写得很生动，说明你观察仔细；写出了你与树的情感，代表你会想象、会共情。之所以写得好，其实就是因为你经常在那里玩，树成了你的朋友，你们之间真的有情感。所以好的作文不仅要有内容，要有细节，还要有感情。"听见我这么认真而仔细的评价，女儿也很开心。我还对她说："雅月，你这篇作文写得非常棒，妈妈预测会得到老师的表扬，妈妈也会找机会给你发表。"女儿一脸疑惑地问："妈妈，发表是什么意思？"我告诉她："就是登在杂志上，你喜欢看的《读者》《意林》就是杂志。这样更多的人就可以看到你的作文了。"

周一放学回来，她兴高采烈地跟我说，老师在班上选出了两篇作文当作范文，分别代表两种风格：一篇写柳树，言辞优美；一篇就是她写的梧桐树，朴实有情。老师还说她的这篇作文颇有点老舍的风格。显而易见，老师的表扬让她很有成就感，那一个星期她都特别开心。

自从那次过后，不管是因为怕再被我逮到做作业敷衍了事，还是因为想要每次都得到老师的表扬，女儿很少再出现类似的情况。至少在我看来，那一次的经历给了她很大的教训，也给她上了很重要的一堂课。

对谈

女儿：我知道这个故事一直都是你的"得意之作"，那你觉得这个故事最终成功的关键是什么？因为也有可能我由于被批评、被关在房间，而情绪不好进而写得更烂呢？

妈妈：我清楚你的写作水平，没写好不是水平问题，而是态度问题，这是我更在乎的事。你拿出作业时的慌张，说明你自己其实也知道这篇作文没有好好写，是没有底气的。小孩子聪明又狡猾，有时候会"利用"父母的信任，有时候是在与父母暗暗较量，父母一定要懂得识别。你觉得我一般不会检查你的作业，便开始自我松懈。我必须在你的这种想法萌芽时就干预，让你知道不能敷衍自己，也不可以忽悠我，必须认真地对待自己该做的事情。这种时候，你的眼泪是没有用的，我也是不会心软的。

至于结果，只要端正了态度，就能发挥出该有的水平。更何况情绪对一个小孩的影响不会持久，最好的方式就是让他们很快投入另一种状态中。如果你第二次没有写好，我肯定会让你再写，让你能记住这次的教训。很多时候，家长和孩子会把完成当作标准。但标准就是标准，完成不是标准。

女儿：你平时经常说，一般不管，管就要管关键之处。那你对孩子成长关键之处的判断标准是什么？

妈妈：在你身上，我所指的关键是你的兴趣点和思想变化点。比如，我发现你对阅读表现出兴趣，我就特别关注并注意保护，也会特别花心思来帮助你提高，与你一起挖掘更多的乐趣。如果发现你对运动表现出兴趣，也是一样。思想变化表现在态度变化上，比如一旦发现你对该做的事情马马虎虎，就会马上提醒，因为那代表自我松懈。

平时在学习上很少管你，然而一旦管的时候，就要管到位，就会比较用心，且是有计划的。我经常通过"旁敲侧击"来了解你的思想与状态。在与你的交流中，我很少直接谈论作业与考试，更多谈论你的同学、老师和校园生活，也不直接问结果，而是了解过程、方法与感受，同时在交流中给你提供一些额外的视角与观点，你觉得新鲜，便会更乐于与我交流，而不是抵触。就这样，在不知不觉中掌握了你的学习情况，也对你的状态更加了解，如此判断才会更加准确，节点也才能抓准。这样，我才敢放心不去日日监管，否则我也累，你也累。

女儿： 其实当初被关在房间里哭着写作文的场景，我已经记不太清了，但当下哭着开始重写的时候肯定觉得委屈，但又没法反抗。后来老师在课堂上表扬我的场景，我却记得非常清楚，那种被老师表扬的感觉真的令人难忘，以至于都忘了前面的难过。

妈妈： 说明你是一个积极向上的孩子，也说明妈妈对你情绪的判断是比较准确的。对孩子而言，摆脱不好情绪的最佳方式就是让她投入另一种积极的情绪中。孩子小的时候应该玩乐，但不能一味地玩乐，他们还需要享受到成就感。这就需要父母帮助他们克服困难，鼓励他们坚持，这样努力付出之后收获的成就感才会让他们印象深刻。那种成就感带来的快乐会留下印记，只有接受过这种正面反馈，记住了这种美妙的感受，孩子才有可能主动去追求实现自我价值的快乐。

反思

1. 比较是标准的反馈

学习态度不是与生俱来，而是后天获得的，是孩子在家庭、学校和社会生活中，通过交往，看见别人的示范、接受他人的指导而逐渐形成的。有什么样的态度，就会有什么样的标准，有标准的人才能做出有水准的事。

可是孩子对于好的标准是没有认知的，很难自发形成，需要父母在其成长过程中一点一点去培养。这种培养都是从与他人标准的比较开始的。虽说一个人不应该为了达到别人的标准而活，但一生中，总会经历需要达到别人标准的阶段。因为想要达到自定标准的自由境界，需要很长时间的努力。在此之前，别人的标准就是打磨自己的利器，一味拒绝达到别人的标准，有时是在拒绝进步的可能性。

一些舆论对于"比较"二字非常敏感，认为孩子之间的比较有害无利。这种观念失之偏颇，因为比较本身是中性的，是"比较什么"和"把比较看作什么"导致了不同的结果。首先比较不是简单地分出优劣胜负，将孩子分级。比较是一种反馈。著名的"一万小时定律"中其实有两个关键因素，时间只是其中之一，还有一个就是有效反馈。比较可以让人知道卓越的上限、努力的阈值、方法的多样，这些对孩子而言都是有效的反馈。再加上正确的引导，那么这样的比较是有益的，可以帮助孩子校准、改进自己。当然，单纯比较结果是没意义的，应当比较的是过程中的态度、意志、努力、方法等，比较结果已经太晚。而且但凡是结果，总有偶然和运气的因素。如果过程已做好，结果不如意，父母应给予孩子安慰而不是批评。而有时明明没有认真做，只是因为运气而获得了一个好的结果，家长应批评孩子而不是表扬。安慰、批评、表扬都应该作用于最本质的东西，而不是简单的一个结果。

最重要的是，人与人之间的差别，在做事之前，或许早已分明，然而心中怀着的标准和自我要求，才是人与人之间最清楚的分界线。

2. 有意义的成就感治愈"空心病"

"空心病"是价值观缺陷而导致的心理障碍，其症状主要表现为觉得人生毫无意义，对生活感到十分迷茫，不知道自己想要什么，其核心问题是缺乏支撑其意义感和存在感的价值观。

个别孩子会有强烈的孤独感和无意义感，他们好像跟这个世界并没有真正的联系，更重要的是他们不知道为什么要活着，不知道活着的价值和意义是什么。内心空荡荡的，有强烈的无意义感。"为什么别人意气风发，而自己却碌碌无为？"这种来自内心的质问，以及从来没有感受过自己存在的价值，都会使这些孩子空心成病。

价值观和意义感的丧失常常始于敷衍的态度，那种无所谓的心态具有腐蚀性，会吞噬孩子的欲望、斗志和兴趣。培养丰富饱满的价值观最好的方式就是让孩子体验一次次身体力行后的成就感——克服恰到好处的挫折，经历可以忍受的失望，专注于奋斗。这个过程中的每一步都会填充他们的内心，增强他们与外界的积极联系，从而形成一个安全网以保护他们的成长。如果一个人从来没有获得过成就感，那么他将失去成长该有的环节，也容易成为"空心病"的俘虏。

3. 人生的折扣从放弃追求卓越开始

快乐有很多种，也有很多层。浅层的快乐不需要付出努力，但短暂易逝；深层而持久的快乐，往往来自辛苦，甚至痛苦的努力，需要意志经受住时间的考验。孩子大都来自"及时行乐国"，如果没有外界影响，很少有孩子会愿意主动放弃享乐，投奔辛苦。如果孩子在成长过程中从来没有追求过、感受过深层的快乐，那么对他们来说是很遗憾的，也是不公平的。因为快乐的类型和层次最终会决定一个人的生活状态，如果孩子被困在了浅层快乐中，成为浅层快乐的"囚徒"，那么他们将会失去生命质量的一部分。

"求其上者得其中，求其中者得其下，求其下者无所得。"想要最好的才能得到中等的，想要中等的才能得到一般的，想要一般的则会一无所得。人生的折扣是从什么时候开始的呢？是从放弃追求卓越开始的。卓越并不是一种结果，而是一种状态。追求卓越也不是与他人无休止地竞赛，而是不断提高自己的人生品质。虽说平凡与非凡各有其乐，但享受平凡的快乐不应成为美化低质量人生的标语，因为平凡的快乐和卓越的追求从来都不是对立的，而是共存的。

第五篇　小孩子也会孤独吗？

> 「**女儿说**」大人总会怀疑：小孩子也会孤独吗？是的，小孩子也会孤独。所以不要忽视，也不要轻视孩子的情绪。大人也总会担心：孤独这样的消极情绪对孩子不好吧？也不见得。在这个故事中，我用童年的一只纸风筝讲述一个小孩子的孤独时刻。成长，永远是消极和积极此消彼长的动态过程。

:-) 故事——孤独是带着考验的礼物

在那段离开小镇，刚搬到县城的岁月里，我第一次与孤独这种陌生的情绪亲密接触。在那之前，我生活在父母工作的中学里，周围有许多小伙伴和看着我长大的叔叔阿姨，父母上班的地方离我玩耍的操场不过百米。每天的时间都被和小伙伴一起玩耍填得满满的，压根儿没有时间悲伤，更别说孤独了。转校后，我离开熟悉的环境和小伙伴，从人人都认识的小镇到了谁也不认识的县城，成为一个70多人班级里的插班生，这些变化对刚上小学三年级的我来说太难以消化。记得那段时间，每天放学回家我就会像复读机一样号叫："不好玩！妈妈，城里一点儿都不好玩！"刚从白天的工作中短暂解放回家为我做饭的妈妈，只能无奈地安慰我几句，然后急匆匆地赶着去上晚自习。

于是在那段时间，我有了一个秘密。那时，吃完晚饭后，我经常背着书包跑到妈妈的办公室做作业，办公室里全是大人，就我一个小孩。写完作业无事可做，我就会晃荡到学校操场。操场上并不是空无一人，还是有小朋友的，但他们要么总是有大人陪着，要么和自己熟悉的玩伴一起。我不是自来熟的孩子，没有人邀请我一起玩，我也不好意思主动加入。

操场上没有灯，只有教学楼上透出来的白晃晃的灯光侧照着操场，像是暗淡的月光。每每望向教学楼，听着时不时传来的读书声和笑声，我的心都飞到了教室，从那时起，我对上晚自习这件事有了极大的向往之情。我跟妈妈讲"我想上晚自习"时，还被她打趣说"等你上初中就不会有这种想法了"。虽然妈妈说的是真的，但那时的我只觉得妈妈不懂，我也没法和她说清楚。记忆中重庆的夏天生机勃勃，万物都在拼命生长，傍晚的蝉叫得让人头痛，一切都很热闹，每个人身边都有人，只有我是一个人。"热闹是他们的，我什么都没有"就是对我当时心情最好的注解。

但时间总是要打发的，我便一个人在操场上东晃晃，捡捡石头，西晃晃，爬爬篮球架。直到有一次，看见别的小朋友放风筝，我像是找到了一条出路。第二天放学，我便在学校门口买来一只画着燕子的纸风筝。在没有任何人的帮助下，我模仿着大人的姿势，开始举着风筝奔跑，来来回回地奔跑，绕着操场一圈又一圈。纸风筝跌跌撞撞地在我身后上上下下，我跑得满头大汗。当风筝终于离我越来越远，飞上天时，我的快乐难以言表。从那以后，放风筝成了我每天的固定节目。把风筝放上天，慢慢把线放到尽头，看着它在天上成为一个小点，再把它慢慢收回来，前前后后差不多1小时。当天黑得再也看不见，我也就回家了。如果那时有人每天往操场上看，就会看到有一个小女孩，无论周围的人在玩什么，她却总是在放风筝。那时也从未跟父母讲我在操场上玩些什么，我觉得很难开口，也很难表达，但好像那只风筝懂。

长大后买过很多风筝，花样越来越多，价格越来越贵，但没有一只比得上当年在操场上那只画着燕子的纸风筝。

💬 对谈

妈妈： 在众多的游戏中，你为什么选择了每天放风筝而不是别的？

女儿： 现在回看，风筝对当时的我，超出了游戏本身的意义。它有点像我的一个"朋友"，只要我愿意，它就会出现，对于当时没有玩伴的我来说，有这样一个忠诚的伙伴是很大的安慰。其次，我似乎把风筝当作了另一个我。我在风筝上寄托了对自由和快乐的向往。在真实生活中，因为比较孤独，所以快乐受限，不自由，但我将风筝放上天，它自由了，好像我也就自由了，而它的那种快乐，通过手中的线，让我也感受到了。

妈妈： 当时妈妈的确没有时间来照顾你，只能让你自己玩。你的安全是我最担心的，但只要你在操场上，我就觉得是安全的，就没有再多想别的。现在听到你的真实感受，妈妈也觉得有点难过，当时也没有真正明白你说"我想上晚自习"时隐含的心情。

女儿： 其实现在我讲起这个故事不是悲伤的，而像是阴天里出现的一丝阳光，是有着淡淡的温暖的。尽管这个故事源自成长中的一种孤独感，但是，最后自己能找到一种方式与这种孤独感抗衡，或者更准确地说是，与它共处，我是骄傲的。后来遇到过很多孤独的时刻，总会不自觉地想起这段经历。每当想到当年放风筝的小女孩就是我，便会顿时多出一些勇气和信心。我想这也是那段经历隐藏的意义。

妈妈： 儿时的记忆总是深刻的，今天再看那段时光，虽有孤独，但你已经消化了它表面的情绪，将它内化成对你积极的影响。因为你开始懂得如何去处理一个人"无聊"的时光，这也是一种很重要的能力。

你现在还能回想起放风筝时的感受，而且有辩证的思考，说明你当时其实是矛盾的，既想独自玩，也想有人陪伴，或者说有时想独自玩，有时想有人陪伴。但生活并不总是如你所愿，这也是生活的常态，即使人生不在最理想的状态，也要积极面对，努力让自己过得更好，不能退却。

> 反思

1. 独处是一生的命题

　　孤独并不是洪水猛兽，在一生不同的阶段，孤独是不同的象征，也有不同的意义。在孩子的成长旅途中，孤独也是挥之不去的，家长不应该回避孩子的孤独，也不应该让孩子回避自己的孤独。现在的孩子生活的这个世界更是前所未有的热闹，多姿多彩的外界环境更会让他们有一种热闹是生活常态的错觉。如果没有早一点儿让他们意识到孤独和热闹一样，也是生命的一种正常状态，等到有一天不得不直面独自一人的状态时，他们可能会措手不及，且感到十分痛苦。

　　即便总是被人群包围，人的一生也会有很多孤独的时刻。我们不能只看到它表面的消极，而忽略它对于人一生的重要意义。孤独是一份带着考验的礼物。孤独与否的表象是是否有人陪伴，但其本质是如何对待时间。等到孩子学会如何与自己相处时，他们会生长出一种精神武器，支撑他们度过困厄孤寂的时刻。

2. 每朵乌云背后都有阳光

　　当我们用父母的视角观察孩子时，总希望他们永远都在积极地成长，是乐观的，是开心的。特别是当了父母以后，对任何与成长"主旋律"不符的行为和想法都避之不及。但其实不然，没有一个孩子是在一种完美情境中长大的，那种完美情境是父母假想出来的。就算有，在那个世界里的孩子也会缺乏生命力。

　　青少年往往有自己的青春王国，有自己独特的成长节奏，大人要懂得给孩子的成长留白，不必强求每个阶段都是完美的，因为青春本来就是模糊的探索状态。青春年少时，正确答案并不是最重要的，对问题跌跌撞撞的追寻才是。而知道很多"正确"答案的成年人，却常常忘了我们自己年少时的样子。

　　英文里有一句谚语："Every cloud has a silver lining。""silver lining"是指云朵边那道金色的阳光。这句英文常常被翻译为——"每朵乌云背后都有阳光",寓意即使在最不好的情况下,也总是有着一线希望。每个人的生活里都会有不足,有失望,它们是人生的一部分,光是勇敢承认这些事实,对我们而言,就意义深远,更何况消极和积极总是变化的,也是相对的,很多好的成长往往是在不好的情况中产生的。孤独、挫折、痛苦这些看似不好的境遇,只要我们认真对待,经过时间的手,都会变成新的养分。成长中的"不利"和"消极"就像是天空中的乌云,即使看上去阴郁无光,但其实都有着那道代表光明和希望的金色阳光。

第六篇　自由的孩子才会自主

> 「**女儿说**」希望按照自己的意志和方式做事生活，是我一直以来不断争取的成长的自主权。比如拥有自己的房间，决定自己的穿着，安排自己的假期，等等。这些想法本质上都是一个渐渐长大的孩子对自由的渴望。如果家长处理得好，就能培养孩子独立自主的意识和能力；如果处理得不好，就有可能导致孩子产生逆反心理。那么孩子想要的自由，家长究竟该怎么给？这个度又该怎么把握？

:-) 故事　——自由是野马

我第一次独居体验发生在小学五年级的暑假，那两个星期的独居是我年少时最难忘的经历之一。那年暑假本来好不容易有一个可以跟父母一起旅游的机会，但在那之前，又早已报名参加一个电子琴比赛。几经犹豫，我最后还是决定放弃旅游，在家练琴，准备比赛。父母本想让我去亲戚家住，有人照顾，但这样一个难得的"当家作主"的机会，我怎么会轻易放弃？我便撒娇耍赖非要一个人住家里，饭点去亲戚家吃饭就好。父母禁不住我纠缠，想了想，最终还是同意了。

那两个星期，我高兴疯了！父母不在家，我当然是撒开了享受没有人管束的生活，我不调闹钟，睡到自然醒，起太晚就跟亲戚说不过去吃饭了，然后在楼下的餐馆吃个炒饭,还可以吃平时不太被允许吃的炸鸡、汉堡、方便面。做作业、练琴早被我抛到九霄云外,取而代之的是一堆零食在手,无拘无束地看电视和看小说。

人生第一次感受到完完全全的自由和无拘无束的快乐!在那之前,生活里一直都有父母的身影。有他们在身边,我永远只能是一个被大人管着的小孩,生活的节奏也被提前设定好。但在父母出门后,从物理环境开始,我,完全一个人生活!终于没有人决定我几点起床、几点吃饭。干什么、吃什么完全由我自己决定。我的每个细胞都叫嚣着独自生活的兴奋和快乐!

当这样快乐似神仙的日子过了一个星期后,我开始心慌起来,既为没有好好练琴而感到害怕,又为荒废生活而感到烦躁、空虚。这种奇怪的感觉我之前没有体会过,我开始有一丝自责,突然有一点儿意识到原来自由也有它的代价。于是在之后的那个星期,我渐渐开始规划自己的时间和生活:几点起床,何时做作业,什么时候练琴,练多久,等等。虽然不是严格执行,偶尔也会偷懒,但总归再没有"一事无成"的挫败感。

那两个星期的感受至今都非常清晰,自由的快乐和折磨都让我印象深刻。

对谈

女儿: 孩子一个人在家待两个星期,这样的情况有些家长不会同意,你们为什么还是答应了?

妈妈: 基于对你的信任,相信你的独立性。有些家长不同意的主要原因是担心孩子的安全和生活不能自理的问题。当你还很小的时候,我们就经常教你安全防护措施。比如,跟妈妈一起上街走丢了怎么办?一个人在家有人敲门怎么办?陌生人要带你走怎么办?在多次模拟情景中,我们发现你都可以很好地应对,有良好的"过往记录"。何况你当时又大了几岁,更有应变能力了,所以才觉得你一个人在家里住两个星期应该没有什么大问题。

但同时,那两个星期我们一直都采取着不同措施来试探,你可能都忘了。

我们有叫亲戚装陌生人来敲门试探过，有用同事的手机给你打电话，等等，加之以前你有过1~2天短时间独自在家的经历，你都处理得很好，我们就更加放心了。

女儿：当时我完全沉浸在一个人生活的快乐里，都不记得这些事了。这个故事跟上一个故事其实有相似的地方，都是一个人待着的状态，但又跟上一次的孤独不同，这一次独处是自由。

妈妈：人总是这样，有时羡慕群居，有时渴望独处。乐群与独乐的能力都应该具备，如此才是生活应有的状态。你小时候一个人玩耍的时间也不少，但这次有差别的是还要自理生活，而且时间也不短。这是你渴望独立自由的一次尝试。

女儿：我一直都挺喜欢自己安排生活，不喜欢也不习惯别人替我做决定。你觉得有主见是被训练出来的，还是天生的？你觉得有主见对小孩意味着什么？

妈妈：有主见是需要被发现和训练的，很多没有主见的孩子就是因为在成长过程中缺乏训练和肯定。你会发现有的孩子总喜欢表达自己的观点，但有的孩子总喜欢跟着别的孩子说，选择也一样，别人怎么选他就怎么选。没有主见其实是没有思考的体现，这样的孩子缺乏的是一种思维训练。因此，我会注意如下三个方面。

关注孩子观点背后的理由

孩子每表达一个想法，其实就是一个观点。观点有对也有错，父母要注意的是每一个观点之后有没有理由，对这个理由的关注更重要，因为它才是主见的核心。寻找和表达这个理由是需要训练的，而训练最好的方式就是讨论。

记得有一次去到一座陌生城市，找了一辆熟悉路的车在前面带路，我们的车跟在后面。跟着跟着我们的车掉队了，已经看不到带路的车，刚好又遇到了一个向右的岔路口，司机不知道怎么开。那时候你说："走直路，不走岔路。"我问为什么？你回答说："如果要走岔路，带路的人应该要减速或者在岔路口停下来等我们，但他没有，说明路线不需要做出变化。"结果你的判断正确。

从小事开始训练孩子的选择能力

在大事上做选择的能力往往是从一件件的小事开始培养的。从吃饭、穿衣、选玩具开始，就应该让孩子自主选择。有时他们会做出一些不好的选择，没关系，做过不好的选择，才会知道什么是好的，这个体验过程很重要，父母对他们的反馈也很重要。没有这个过程，就没有自我修正的能力。

允许孩子说"不"

孩子对不正确或者不喜欢的事物说"不"，就是有主见的表现。如果父母能在这时追问为什么"不"，就是在训练他们表达观点。大人对孩子说"不"的包容会让孩子觉得自己的想法得到了认可，从而拥有继续表达的勇气，这样孩子就不会再唯唯诺诺了。

总之，营造一个自由包容的环境很重要。父母都希望自己的孩子有主见，但常常既不营造包容的环境，也不进行有意识的训练；或者说表面上给自由，实际上给限制，因而都很难培养出有主见的孩子。

反思

1. 自由的孩子才会自主

父母总是希望孩子在学习上有很强的自驱力。其实，自驱力和自主性是强相关的。自主性会让他们意识到"这是我自己的事，自己的责任"。这种对责任的认领是可以迁移到学习上的。如果父母在生活上帮孩子打理了一切，却又希望他们在学习上很自主，这是互相矛盾的。因为学习和生活的自驱力是同一个来源，在生活上没有的特质，在学习上也很难有。从小事到大事，如果被父母代理得太好，那么孩子会习惯听从，习惯跟随，无法独立面对自己的人生。所以父母要懂得适时放手，让孩子真正去体验自主的感觉。

可一旦孩子终于可以自己做主，父母又容易陷入另一种倾向——总想帮他们规避错误，从而武断干涉他们的决定。其实有些时候，一次到位的正确反倒没有有效失败来得深刻。有效失败是教育学里重要的概念，指那些没有完成既定目标，但能获得有效经验的失败，这样的失败是有价值的。父母不用总是担心孩子做错误的决定，知道了错误，才知道正确，对错误的体验有助于他们自我修正。有效失败胜于无效成功。

2. 自由是野马，自我约束是缰绳

当自由意味着独立自主时，它是充满诱惑的，尤其对于青春期的孩子。他们天生向往自由，但自由却是裹着甜蜜的危险之物，没有掌握与自由相处诀窍的人无法真正拥有它。当没有边界与限制时，人很容易被吞没，成为自由的奴仆，而不是它的主人，尤其是一直被父母严格管束的孩子，对自由没有任何抵抗力。一旦有一天他们离开了父母的管束，暴露在自由之下，便很容易失衡、失控，甚至陷入自由的深渊无法自拔。

因此享受自由是需要学习的，第一步就要体验与它相处的过程。当孩子想要奔跑，先要给他们一片草原。当他们感受到自由像一匹脱缰的野马开始失控时，他们会感到害怕、恐慌。这种体验其实是一种自我提醒和自我保护的本能，它告诉自己需要一根缰绳，而自我约束就是那根缰绳。只有对整个过程有完整体验的人才会真正明白——自由和约束就像硬币的两面，只有共存，才有价值。没有自由的孩子不会奔跑，而没有自我约束的孩子则到不了终点。

第七篇　孩子惧怕犯错，家长该如何反思自己？

> 「**妈妈说**」女儿10岁生日的时候，在游乐园发生了严重的事故，留下了永久的伤疤。那次是我当妈妈以来最后怕的一次，也是对我自己应该如何当妈妈最大的一次警醒。孩子犯的每一次错里，都有大人的影子，关键是我们作为父母，有没有反思，能否意识到我们做错了什么。

:-) 故事 ——事故是你的，责任是我的

女儿10岁生日那天，我们请了很多亲朋好友共同帮她庆祝。满十的生日，按照习俗，更受重视，也更为隆重，家里来了很多客人，包括她的同学和朋友。中午吃完饭后，我给了她50元，让她请同学和朋友一起到游乐场自由玩耍。这是早早就答应她的，同时也能让我腾出精力照顾家里的客人。于是那天下午，两群人各自玩耍，傍晚的时候，大人们还在家里娱乐，女儿回来了。

她到我跟前说了一句："妈妈，我玩累了，想睡觉，晚上我不吃饭了。"

我想，她玩了一整天肯定是累了，没有多想就同意了。

第二天早上起床后，她看见我，有些闪躲，远远地对我说："妈妈，今天我不梳头。"我觉得奇怪，每天早上她都是主动找我帮她梳头，而且她的头发又多又长，必须扎辫子。于是便反问："为什么不梳头？"女儿开始吞吞吐吐，

神色明显不对。我感到不对劲，就说"不行"，同时叫她过来。

正准备梳头时，我发现她头顶有一处的头发粘在一起，仔细一看，是已经干掉的血迹，再拨开头发一看，顿时吓傻了：女儿头上有一条不短的伤口。我马上问她这是怎么回事，女儿这才告诉我，昨天在游乐场开赛车的时候发生了意外，车子撞上了栏杆，头被狠狠地撞伤了，流了很多血，她当场就晕了过去。我已来不及多问，马上带她赶去人民医院。医生检查后说，已经过了最佳时间，所以不能打破伤风针，也不能缝线了。医生质问我为什么不早点来医院，因为过了一个晚上，只能上点药，做简单的处理。

医生的话加重了我的担心，我感到更加自责与难过。走出医院，我才问了她更多的细节："你受伤后，游乐场的老板是怎么处理的？"

她回答道："当时就晕了过去，什么都不知道了。醒来后，只看见伙伴们都已经吓哭，老板娘帮我洗了洗衣服上的血，给头上的伤口抹了些菜油，说是可以止血。"

我越听越着急，火冒三丈，拉着女儿就要去游乐场找老板！就在这个时候，女儿说："妈妈，当时醒来后，我马上就问了自己一个问题：1+1是不是等于2？是！所以我还没有被撞成一个傻子，就没有那么害怕了。"

听到这令人啼笑皆非的话，我的情绪一下缓解了许多。女儿在用她的方式安慰我，这让我更加自责和难过。

回到家里，我越想越自责，越想越难过，当了十年的妈妈，这次"翻车"了！我对女儿要求太严格，这次是教训，更是警醒。生日之后好几天，我一直在深深地自责和反思，并第一次写下教育孩子的反思日记。

【反思节选】

妈妈：为什么回家不跟我讲实话？

女儿：我怕你吵我！

妈妈：你觉得妈妈经常吵你吗？

女儿：凡是我做错事了，你都会吵我，有时还吵得很凶！

妈妈：对不起，妈妈没有意识到这点。

在孩子成长的路上，我自认为给了她很多的肯定与鼓励，但没想到那些严厉的批评却让她如此害怕。挨批评的结果是只留下了害怕，怕挨批评的结果是不说实话，以至于无法判断事情的严重性。这既不是我批评孩子的初衷，也不是目的。

以后面对孩子的错误，我得先冷静！切记！！！

对谈

妈妈：当时为了不挨批评，你在想什么？

女儿：其实这个事故背后还有故事呢。清醒后，我一直在安慰已经被吓哭了的伙伴们，还带他们吃了蛋糕。在回家的路上，我一直在想怎么样才不会被你发现，独自思考良久后，计划回家就睡觉，第二天很早就起来，再洗个头，这样就可以名正言顺地不梳头，你就不会发现我受伤了，能瞒一天是一天。只不过睡过头了，我起来的时候，你已经起床了，于是计划失败了。

妈妈：天啊！幸好你睡过头了，洗头后，伤口会怎样，我都不敢想象。

女儿：你看，我们的思维不一样。对于错误，大人觉得不需要去理解，只需要被纠正。但小孩非常在意"大人是不是理解我为什么会犯错以及犯错后的心理活动"。一个10岁小孩，在受伤后想着的不是寻求安慰，而是想方设法不让大人知道而免于责骂，是挺可怜的。

妈妈：作为父母，最担心的肯定是你的安全。你头上的伤疤至今还在，像是一个永久的提醒。从那以后，每当面对我们之间的冲突时，我就会自我提醒，让你先"面壁思过"，利用时间的缓冲作用，我也平息怒火，把情绪和事实分开。

这次受伤不是你的错，是妈妈没做好，是游乐场的老板犯的错，而你却认为是自己的错误，从而无法判断这件事可能给你带来的影响，也不愿意寻求帮助。所以之后我都特别注意从具体实例中教你判断什么是错误，什么是问题；然后教你分析它们可能带来的后果。这样你的意识就能一点点建立，是非观念和判断能力就慢慢形成了。

女儿： 妈妈你还不知道吧？当我听到医生说已经不能缝针时，心里可开心了，因为我觉得缝针很痛又很丑。

妈妈： ……（无语）

反思

1. 对立的是问题，而不是我和你

没有人会故意犯错，即便是心智不成熟的小孩子。有些错误的形成是因为某一刻情绪产生了偏差，比如恐慌，比如害怕。真正有效的纠正，是知道孩子在哪一刻产生了情绪偏差，为什么产生偏差。这其实也是一种同理心，家长在处理孩子的问题时，拥有同理心十分必要。

在面对孩子犯错或遇到问题时，如果家长给孩子一种"我能理解你，我和你站在一起"的感觉，孩子就不会被迫选择站在跟父母对立的一端。父母和孩子都需要知道：对立的是问题，而不是我和你。沟通的第一步，就是确定我们现在正在共同解决一个问题。

可惜家长有时也没有搞清楚这个分别：只要问题出在孩子身上，就觉得是孩子的问题，不由分说就先把孩子批评一顿。孩子的认知就从"我遇到了问题"变成"原来我才是问题本身"，这种被"审判"的感受让他们失去了对父母的信心，也失去了对自己的信心。害怕会让真相更遥远。只有拥有了不被"审判"的安全感，才会放心坦白自己，大人都如此，更何况小孩。

2. 正确对待错误，错误的别名叫进步

解决问题才是目的，批评只是手段。如果因为批评让孩子失去了承认问题

的勇气，那么问题永远不会得到解决，因为解决问题的第一步是承认问题的存在。不承认问题，不懂得求助，这是很多孩子存在的问题。

由于从小被要求做一个完美的孩子，因此他们对问题有一种恐惧感，觉得问题是一种错误，所以极力掩饰。但错误是事情的属性，不是孩子的属性。我们要教会孩子努力奋进，但同时也需要告诉他们不完美是可以被允许的，犯错是正常的，是走向完美的必经之路，而完美是动态的。

每一个错误背后都可能产生一个正确的认识，每一个不足都可能隐藏着一个改正的机会。错误在过去的行为中产生，但可以在未来的行为中被改正，那么它此时就会变成进步。重要的是，如果家长把事件的错误转化成孩子的错误，那么他们便没有信心去改正错误。只有当孩子能够以平和的心态对待错误时，他们才会放下对完美的执念、对犯错的恐惧，从而诚实地面对自己，坦率地承认不足，自然地寻求帮助，最终变成更好的自己。

第八篇　从规则到原则，那些被错过的教育时刻

> 「**妈妈说**」说话做事讲原则，是一种优秀的品格。要让孩子从小学会讲原则，要从父母的教育意识和教育方法开始，那就是在孩子不讲原则的时候，立刻给出反应，约束他们，让他们知道不讲原则的后果。原则不一定在大事中才能体现，日常生活中的小事往往更能体现原则，也更容易让孩子理解。

:-) 故事——你要知道，哭闹是没有用的！

1. 不许重新选！

女儿从小就体现出对食物特别的热情，十分爱吃。有一年春节，社区给每家发了一个大礼盒，里面装了很多小袋零食，各种颜色的包装都有。女儿看见眼睛都发亮了，迫不及待地想吃里面的零食。看她的样子，我担心一不注意她就会一袋接一袋地吃个精光，然后饭点又不好好吃饭。于是我就说："你可以随便选一小袋零食，但只能选一样，也只能选一次。"头点得跟捣蒜一样的她，立刻跑到礼盒边，还没怎么看就拿起一个红色的小袋，迫不及待地打开，结果里面是牛皮糖，尝了一口觉得不好吃，她看了看我，立刻就想再去拿一个，同时嘴里不断说着："妈妈，我选错了，我要重新选。"我立刻阻止了她，拉着她的手盯着她的眼睛说："不行，我们刚才已经讲好了，你也答应了，而且这么

多人，大家都要选，刚才已经让着你了，让你第一个选的。"

她的外婆看见这一幕，便忙着打圆场："哎呀，就让她重新选嘛，小孩子嘛，别跟她较真。"眼见我不让她选，外婆却帮她说话，女儿便想趁机耍赖，一直哭闹着要重新选。但任由她怎么哭闹，我依旧坚持没让她再选。过了一会儿，等她情绪基本平息下来后，我把她叫到我身边问道："你刚才为什么选这袋呢？是不是因为颜色比较好看？"

女儿悻悻地点了点头。

我接着跟她讲："你是选择吃的东西，不是选哪个包装袋好看，所以不能只是看包装袋的颜色。你可以用手去捏一捏，感受一下里面是硬的还是软的，是圆的还是方的，根据摸到的猜一下是什么东西，然后再选，这样你就可以选到你喜欢的零食。你捏一捏这个是什么？"

"应该是棒棒糖，因为有个圆圆的头，还有一根小棍。"女儿边捏边说道。

再打开看看，果然是。女儿开心极了！我接着让她用这个方法再试了几次，果然有效，她特别开心。接着我又问："那你想一想还有没有别的办法，能猜到里面是什么东西？"她看了看，又想了想，然后说："我知道这个里面是什么了。"

我问她："是什么呢？"

她回答："是花生。"

我又问："你是怎么知道的？"

她说："这个袋子外面画有花生。"

我又问："那你刚才为什么没有选呢？是没看见或是不喜欢？"

她回答："不知道。"

我想她不是不知道，而是小孩的顽皮使她不想回答，或者说她根本就没有认真看。

这时，我带着她总结："刚才我们就学了两种方法来选择你喜欢吃的零食，是哪两种呢？你说一遍吧。"

她说道："第一种是用手捏一捏；第二种是看一看包装袋上是否有里面东西的图片，长什么样子。"

"对，雅月很聪明。你学会了这两种方法，妈妈奖励你用这两种方法再选一袋零食。"她兴奋极了。

接下来我又说："如果你认识很多字的话，就更好了，因为一般包装袋上都写有名字。你看刚刚你不要的这个零食袋上面写了——牛皮糖。嗯，这个糖字认半边的话，是一个什么字？"

"唐，是我的姓。"

"对，你看，会认字是不是很有用？"

"那妈妈再考考你，如果这三种方法都不行，你还可以怎么办呢？"

她想了想说："我把它撕开看里面是什么。"

我说："这个不行，不能搞破坏。如果你一袋一袋打开，都不是你喜欢的，谁愿意吃你打开的。如果这些方法都不行，是不是可以向我们寻求帮助？问一下我们这里面装的是什么，然后再选。"

这一番话说下来，女儿很开心，觉得像是在玩游戏，不断地用手去捏一捏，仔细地看包装袋上的图片，还一直让我教她认上面的字。

那时她才4岁左右，可能很多人觉得不就是一块糖，为什么这么严格，不让她重新选。因为作为母亲，我想传递给她几点：其一，选错了就要承担后果，不能逃避；其二，在我这里，蛮横是不可以的，有外婆撑腰也不行；其三，教给她有用的方法，其实更是一种做选择的思路，让她以后可以做出更好的选择；其四，学会总结，总结选择零食有哪些方法，其实也是学习做事的方法。

2.春节还没到！

女儿上一年级的时候，有一天下午放学回来，我正在厨房备菜，她走到我身边说:"妈妈,我要买游戏机!可以打小蜜蜂的那种!"

我回答她:"春节还没到呢!上次妈妈不是已经告诉你了,春节会买一个游戏机当新年礼物送给你。"

女儿继续提高音量说:"我要买游戏机!我们班上同学都已经有了。"

我放下手中的菜,认真看着女儿说:"春节还没到呢!"

女儿不依不饶开始大声哭着说:"我就是要现在买游戏机!"

我看着女儿,没有去安慰她,而是平静地说:"你才6岁,还是一个小孩,我已经30岁了,你认为我会听你的吗?"

女儿觉得无望,收起哭声,回房间去玩别的玩具了。

怎么样不动气地征服女儿?那就是既没有被她的胡搅蛮缠激怒,也没被她的哭声打败,像对待大人一样,就事论事地让她明白:其一,我们之间的承诺是送你游戏机当春节礼物,而春节还没到;其二,哭是没有用的,不要以为哭闹就可以得到你想要的;其三,在这个家里,不是你当家,是我当家!

对谈

女儿: 那时我还很小,不担心这样对我太严格了吗?

妈妈: 有的妈妈在面对这样的场景时,有可能很快就会"心软"而被孩子征服。只是我的性格使我更理智一些,或者说是我当班主任而形成的思维习惯吧。管那么多学生,一定要有原则意识。孩子是很聪明的,如果不这样表明态度、讲原则,那么有了这一次退让就会有下一次的得寸进尺。

女儿: 事事都会讲原则吗?

妈妈: 当然也不是每一次遇到这样的场景都这样,做妈妈的总是会"心软"的。你撒撒娇或者耍耍赖,我也就依你。比如,你小时候很喜欢看动画片,但我们商议好每天只能看一集,如果看完一集自己没有关电视,那第二天就不能看。这本是我们商议好的原则,但是在一些特殊的时候,比如周末,或者某天你表现特别好的时候,也会奖励你多看一集。

女儿: 那你觉得,在把握这个分寸时,什么底线是需要守住的?

妈妈: 在我看来,底线是不要让孩子得出一种结论——妈妈最后总会依我的。这样你就被孩子拿捏住了,那之后无论怎样的教育方法都很难奏效。所以关键在于在早期就把握好分寸。作为家长,我们必须学会这么做,在教育的过程中不断反思和调整。父母也需要通过不断试错和调整,找到和孩子之间合适的相处方式。

女儿: 其实在我看来,让孩子做人做事讲原则并不是说大人给孩子人为制订了一套家庭"法律",要求其必须遵守,而是在教会孩子说话做事所依据的准则,可以是一套逻辑体系,也可以是一套方法系统。

妈妈: 没错。重点是教他们观察思考,寻找判断的依据,总结决策的方法。久而久之,孩子就可以形成一套自己做人做事的原则。到那时,大人就不用再过多干预了。

反思

1. 原则之下的逻辑

孩子会从父母的反馈中知道底线在哪里,知道应该按照什么样的方法去处理问题,他们的原则感就是此时开始出现的。尤其是遇到比较棘手的问题时,原则就会像指南针,引导孩子往正确的方向前进,走出思想或现实的迷雾。这样的能力往往是从生活小事开始积累的。当面对生活中的各种问题时,父母不要简单地阻止或者否定孩子的言行,而是要真正教给他们如何去想,如何去做。讲原则的人常常做事更有逻辑,知道做事的主次轻重,以及正确应对的思路策略。

2. 原则之下的灵活

其实在与父母的较量中，孩子普遍处于劣势，毕竟还有父母权威在，原则的制订大多还是父母说了算，更何况父母还拥有很大的信息优势。孩子看不懂父母，而父母却能轻易看穿孩子。但如果父母的态度总是强硬如钢铁，没有丝毫可商量的空间，孩子会觉得生活少了些灵动，少了很多自由，也会觉得父母很刻板。这样不仅会让家人之间少了很多亲密感，也不利于孩子学会独立自主地处理问题。所以，原则之下也要灵活变通，给家庭关系一个呼吸的空间，给孩子一份成长的松弛感。

青春风暴
QINGCHUN FENGBAO

青春期是一个人成长过程中非常重要的时期，从身体、心理到智识都在发生剧烈的变化，可以说，每个青春期的孩子都可能会面临一场席卷而来的风暴。在这一时期，很多家长普遍的感受是：孩子没有以前可爱了，变得叛逆不听话了。当家长有这样的感受时，要提醒自己，这是孩子在积蓄更大的能量为成年做准备。就像破土而出的树苗，势必要带起一堆泥土，那是成长必备的一种"破坏力"。看似混乱的时期却也在孕育一个新的青春世界。在那个新的小世界里，开始频繁出现自我、他人、矛盾、情绪、思想、价值观等各种新的主题。父母在这一阶段的教育智慧决定了之后很长一段时间里，与子女的关系是亲近或是疏远。

在孩子的青春风暴里，父母如果能做那平静的风暴之眼，进入他们内心的最深处，耐心地聆听他们的声音，平和地接纳他们的蜕变，那么晴朗天空终将再现。

第九篇　理解亲情，父母是孩子的镜子

「**女儿说**」很多时候，孩子的成长来自观察和模仿。父母说什么、做什么，都被他们尽收眼底，成为照做的样板。如何理解亲情，是人生的必修课。在这个主题上，父母一些漫不经心的言行，对孩子而言可能是铭记于心的感受。那些重要的瞬间，都被他们收藏在心底，随着时间的发酵，渐渐成为成长的营养。比如，当目睹了在面对外婆发脾气时、外公去世时，妈妈是如何当女儿的，我开始反思该如何对待妈妈。

:-) 故事 ——父母是演员，孩子是观众

1. 外婆

外婆一直生活在大山里，过着农村生活，直到外公去世，才从山里搬到山下小镇和舅舅家一起生活。因为相隔甚远，我与外公、外婆相处的时间很少，对他们的生活了解甚少。平时聊天时从妈妈口中得知，原来外婆出生在城里，直到特殊时期，城里吃不饱饭，才从城里跑到农村，嫁给了外公，生下了三个女儿和一个儿子，在农村安了家。

外婆性子直，老规矩多，比较执拗，还有点小气，所以容易跟他人发生矛盾。每次听到二姨给妈妈打电话，多半都是外婆又与邻居或舅舅他们闹矛盾了。鸡毛蒜皮的小事让妈妈颇为头疼，她也时常跟我抱怨几句。这样的事情发生多

了，我也开始觉得外婆的脾气有些不可理喻。

有一天，二姨又来电话，言谈间听出又是要处理外婆和舅妈的矛盾，从电话那头的音量也能听出二姨有些抱怨，但妈妈这次对二姨说："二妹，要知道，妈妈的妈妈去世早，从小没有人爱她，也没有人教她，所以才不知道怎么处理事情，不知怎样跟人相处。"

听到这句话，我抬头看着妈妈，内心颇受触动。在这个细碎的生活瞬间，一个女儿看着另一个女儿如何去理解她的妈妈。或许连妈妈自己都未察觉她心中发生的变化，这也让我的心中发生了变化。

此后，这样的事情依然不时发生，二姨的电话未曾断过，但妈妈再也没有跟我抱怨过。我时常想起她跟二姨的那通电话，觉得心里暖暖的。

2. 外公

外公病危时，我们匆匆赶回山里的老家，在病床前守了几天几夜，外公还是走了。看到亲人的离去，为最后依然没能听到老人的亲口告别而感到遗憾，每个人都悲痛万分，哭到几乎倒下，哀伤耗尽了心力。按照老家的习俗，老人去世后有一整套丧葬礼的流程，还要摆席面感谢奔丧的宾客，诸事的繁重再度耗尽了每个人的精力，那段时间家里人几乎没怎么睡过囫囵觉，身心俱疲。

丧礼结束时，我们已经在山里待了两个星期。两个星期没有洗澡，上厕所、睡觉、吃饭也都极其不便。但家里人已无暇顾及这些，都是强撑、强忍。葬礼结束后，我以为可以回家休整了，但看妈妈的意思是还不会返回铜梁，要继续待上一段时间。虽知情况特殊，但我实在忍不住了，便跟爸爸诉苦，问他可否早一点儿回家。一向寡言的爸爸，认真地对我说道："雅月，外公去世了，妈妈很难过。而外公和妈妈的关系，就是我和你的关系。"听完当下，我红了眼眶，压根儿不敢细想，只是再也没提过提早回家的事，默默陪着妈妈度过在老家的时光。

💬 对谈

妈妈： 这些瞬间我都没什么印象，没想到你却记忆深刻。

女儿： 润物细无声大概就是这样。我看到的、听见的、感受到的，都在不断打磨我、塑造我，最终渐渐成为我。看见你当女儿的样子，会让我反思我当女儿的样子。在那通电话之后，你再面对外婆的"不讲理"时，有什么变化吗？

妈妈： 不会再纠结于外婆为什么"不讲理"，不会再抱怨。外婆的一生很可怜，富贵人家出生，规矩特别多，幼年丧母，又遇上变故，时代的悲剧完全改变了她一生的命运。你外公走了，我真正理解了"树欲静而风不止，子欲养而亲不待"这句话。作为儿女，已无须再去评判对与错，而是给予宽容与回馈。

女儿： 外婆已经老了，你对她的理解也改变不了她的行为，那这种理解的意义是什么呢？

妈妈： 这种理解不会改变她，但会改变我，也会改变你二姨、小姨和舅舅。因为我是老大，我的态度和认识也会影响他们的。理解总能让你看到事情的另外一面。现在你外婆每年都会在我们家待上几个月。由于我工作很忙，其实真正陪你外婆的时间很少，但你外婆等我回家的时间很多。每当我回来，你外婆总是说很多在我看来没有意义的话，事无巨细都要问我一遍，比如，"这个菜还要不要"，"我把你的衣服收了"，等等。其实你外婆不是真正在问这些问题，她是在找一种方式跟我搭话，她想和我说话。你为什么会对这些瞬间印象深刻？

女儿： 因为平时大多数时候，我总是以女儿的身份面对你母亲的身份，很少有机会见到你当女儿的那一面，慢慢就会忘记你别的身份角色。只有这些你和外公、外婆相处的时刻，才会提醒我你也是一个女儿。那时，我会觉得跟你更近，因为都是女儿，所以会有更多代入和投射，也就多了共情和感受。所以你对外婆的理解让你的心更开阔，也让我的心更开阔。理解亲情，父母永远都是儿女的一面镜子。

反思

1. 孩子是父母忠实的观众

在家庭中，孩子一直都是观察者。在不断观察和模仿大人言行的过程中，他们的人格、观念、思维渐渐形成。比如，父母如何当儿女，会影响他们怎么当儿女。孩子的目光一直都在追随着父母，父母的每一句话、每一个举动，甚至每一个眼神都有可能成为孩子构建人生信念大厦的砖瓦。这些瞬间都在教会孩子相信什么、明白什么、向往什么，决定他将来可能成为什么样的人。

既然接下了父母的角色，便与之前"只做自己"不同。在当好父母之前，要先"演"好父母。你想让孩子相信什么，就要"扮演"什么。比如，想让孩子做一位绅士，即便自己还做得不好，父亲也应该在生活中"演"好绅士。这种"刻意"也是一种当好父母的途径，因为演着演着，演员就会向角色靠拢，直至和角色融为一体，那么父母也成了更好的自己。从此，言传身教便不再是刻意做给孩子看，而是你做自己，孩子在看。

2. 理解比审判更重要

家庭不是法庭，亲人之间，是非对错或许不是最重要的，有时并没有审判亲人的必要。占取上风的得意和发泄情绪的冲动对于解决矛盾和情感维系毫无益处，而且还会让人变得偏狭，而偏狭一定会让人看到的东西变得片面、有限。唯有理解才能知全貌。

什么叫理解？不是认同别人的言行，而是清楚他们这样做的原因。我们对他人的言行总有着自己的期待，但现实不会总按照我们的期待发生，一旦期待落空，拥有理解的能力会让我们明白这是个客观的差距。知道为何，才知如何。仅仅是理解这个行为本身，就可以极大地拉近彼此的距离，更别说理解通常可以解决问题。更重要的是，理解的终极目的不是为别人开脱，而是使自己释怀，只有往前走的人才会获得幸福。我们要教会孩子理解，因为心中有大海的人会看到不一样的风景。

第十篇　孩子炽烈的"不合理"请求，家长如何应对？

> 「**女儿说**」在成长的过程中，我向妈妈提出过很多"荒唐"的请求，多数时候她都没有答应，履行着一个清醒的母亲的职责。但在两件事上，她却出人意料地给予我坚定的支持。我一直好奇为何妈妈会答应，而她也不知道我有多么感激她答应了这两件事……

:-) 故事 ——我的荒唐请求，你该拒绝还是体谅？

1. 昂贵的钢琴

中考前，我鼓起极大的勇气向妈妈提出了一个请求：中考结束后，我想买一架钢琴，但不想考级，只是想自己弹琴而已。这是一个不小的请求，我知道，妈妈也知道。因为在当时，一架钢琴要价 1 万多元，而我们住的房子还不到 10 万元。这也是我人生第一次提出这样"昂贵"的请求，内心非常忐忑。

令我意外的是，妈妈答应了，中考后我得到了一架钢琴，那是 2006 年，如今 16 年过去了，钢琴还在，我对它的热爱也从未消退。它随着我们搬过两次家，掉了很多漆，延音踏板也被搬运工人不小心弄断了。搞笑的是，我爸居然一声不吭自己动手把断掉的踏板粗暴地直接焊接了上去。我看到时哭笑不得，因为它看上去就像跛了一只脚。我一度想换架好看的新琴，但时间越长，我越舍不得换了，那个丑陋的、别扭的延音踏板反倒成为我的钢琴的独特标记。钢琴陪我度过很多个静静的夜晚。更重要的是，这架钢琴里隐藏着一份14岁的我的"独立宣言"。

那时，我已经学了四年的电子琴，拿到了九级证书。电子琴并不是我喜欢的乐器，学琴的经历也不太愉快，因为唯一的目标就是考级，为此终日练习考级曲目，带给我很大的压力。我虽学会了弹琴，却不会演奏；虽学会了识谱，却不会欣赏。但我一直都很喜欢钢琴，只是选择乐器时我清楚家里无法负担钢琴的费用，便随大流学了较为划算的电子琴。拿到九级证书那天，我很开心，因为再也不用弹电子琴了。父母花钱送我学琴，我练琴考级拿到证书，觉得自己已经完成学琴的任务，对得起他们花的钱了。但对钢琴的喜爱却一直埋藏在心中，从未减退。于是在中考前我便心生勇气向妈妈提出了这个请求，希望能够拥有一件自己喜欢的乐器，按照自己喜欢的方式与它相处。

现在看来，14岁，正是我拥有独立人格的开始，这个请求实际上是一次试探、一个期待——我想按照自己的方式生活，从这件事开始。

2.时机不对的网球

高二下学期的暑假，对于所有学生来说，是最让人神经紧绷的夏天。准高三的身份像是一个"金钟罩"，自动隔绝一切与学习无关的事情。每天下午放学去吃饭时总会路过学校的网球场，那个绿色小球像是有魔法，牢牢地吸引着我。我心中不自觉地想：要是我也能去学就好了。这种想法好像会触发"金钟罩"的保护机制，每一次出现，都会被自动清除。有一天，我停了下来，看着网球队训练的身影，突然一个异常强烈的想法在我脑中再次出现：我想学网球！现在就想！

强烈的渴望就会伴随更加强烈的悲伤，因为这个想法产生的时间太不对了。作为准高三学生，每个人都恨不得把走路吃饭的时间省下来学习，我却还想着浪费宝贵的时间去学网球。在高考的大环境下，我自己也觉得这个念头很荒唐。可是这个欲望太强烈了，以至于我不知哪儿冒出来的勇气跟妈妈提出来了，但其实心中早已做好了被拒绝的准备，因为我不觉得有家长会同意这样"荒唐"的请求。没想到的是，妈妈听到后，丝毫没有犹豫，当下就答应了。更让人惊讶的是，就在那个周末，她驱车从铜梁赶到重庆带我买网球装备。那时，网球在国内还不是主流运动，我们在三峡广场跑了好几家商场都没买齐，最后去了奥体中心，才买到了作为学费的30个网球。从此，我开始了每周两次的训练，直到高三下学期才暂停。

因为高三时与网球的相遇，后来在大学里我参加学校的网球社团，组织网球比赛，还考了国家二级网球裁判资格证，再后来，去看了美网现场，还在拉沃尔杯（Laver Cup）亲眼看到偶像费德勒打球，以及在伦敦亲眼见证他的退役……一直到现在，网球都是我最爱的运动，我从中获得的快乐和力量难以言喻且使我终身受益，而所有这些美好愿望的实现都从高三那个"荒唐"的请求开始。

对谈

女儿：其实我们家当时的经济条件是不宽裕的，买钢琴是一项很大的支出，为什么你还是给我买了？

妈妈：在学电子琴的途中，你多次带着羡慕的眼神和我讲起钢琴，我能感受到你的喜欢与渴望。家里不宽裕时，你没有无理取闹非要买钢琴，那是你在体谅爸爸妈妈。后来家里经济没有那么紧张了，妈妈也会尽量满足你的愿望。至于考不考级，对于一个初三的孩子来说已经不是最重要的了。学电子琴时你还太小，总要有明确而具体的目标，这样才有压力，也才可以坚持，而且不总是喜欢的事情才需要坚持。更何况，那时正值中考，虽然对你的成绩有信心，但也希望能借此机会刺激你更加重视过程中的努力，便提出条件说要看你的中考成绩和过程表现，但其实成绩没出来前就已经给你买了钢琴。

我的教育原则一向是：请求搭配牵制，既双赢又公平。与此同时，也是看看你对自己喜欢的事情会有怎样的付出。你是鼓足勇气提出的请求，也不再是小孩要一个玩具那么简单，一万多元钱对我来说是压力，对你来说也是压力，我相信你会因懂得珍惜而倍加刻苦。所以也是一次试探吧，看你是不是有这个能力去承担一个独立的决定。

女儿：所以这算一次成功的互相试探！那在面对我提出"不合理"的要求时，你是怎么考虑的？

妈妈：孩子在成长的过程中，一定会向父母提出一些合理或不合理的请求。几个原则值得考虑：其一，孩子提出一个请求，父母要对其有所牵制，让孩子从小懂得权利与义务同在。其二，条件达不到时，实事求是地告诉孩子，让孩子学会体谅家里其他人，家长既不愧疚，又不会让孩子产生自卑心理。其三，孩子小时候提出的任性的不合理请求，一定要拒绝，他们有时也是在试探底线，但随着孩子的长大，要逐步还给他们选择的权利。

女儿：那你有想到这两个爱好我竟然一直坚持到现在吗？

妈妈：当时没有想那么远，或许觉得会坚持弹钢琴，因为钢琴是你渴望拥有的，而且你已经忍了三年才提。其实每当你提要求时，我思考的是如何"利用"你的渴望来达到我的目的。现在看来，它们确实在当时都发挥了潜在的积极作用。这两个爱好你一直坚持到现在，它们伴随着你成长，不仅分享了你的喜悦，也治愈了你的忧伤。今天再看你对艺术和体育的理解，以及发自内心的热爱，妈妈真的很庆幸当时满足了你的请求。因为它们远远超越了我能发挥的作用，对你的陪伴会比我更长久。

反思

1. 请求也是成长需求的传达器

当面对孩子的请求时，父母不要轻易被表面的"不合理"冲昏了头脑，把所有"不合理"的请求不假思索地一概当作孩子的任性和无理取闹。从另一个视角看，请求也有可能代表着孩子隐藏的成长需求，需要仔细辨认，加以区分。

进入青春期后，孩子通常不会再直言不讳地表达自己的真实想法，而是将其隐藏在各种看似不着边际的言行中，其中也包括看似不合理的请求。这个故事中的钢琴代表着青春期孩子对自主权和所有权的一种向往之情，网球代表着对释放压力的渴望之情，这些其实都是一些成长的信号，只是非常隐晦。如果父母面对别扭的青少年，能多一些好奇和耐心，体谅他们的成长需求，也许会收获意料之外的来自孩子的感激和信任。

2. 教育回报要看"长久之计"

学习是一件过程和结果都重要的事情。结果有时是看得见的量化成果，有时是在过程中渐渐培养的热爱、付出、坚持、审美、修养等看不见的精神品质。每种结果的产生都离不开父母的教育投入。父母在孩子身上投入时间、精力、金钱，希望得到回报理所当然。这种回报里既有作为父母的欣慰、骄傲，也有孩子自身的技能习得、能力增长。但有时环境的影响让孩子身上"学生"的身份太醒目，导致大人只看到"燃眉之急"，而忽略"长久之计"。但不要忘记：孩子的学生身份有一天终会结束，褪去学生的身份，这时候才能真正看清，哪些教育在孩子身上留下了长久的影响，让他们获得长期回报的空间和可能。

第十一篇　老师和家长的联盟，是利是害？

> 「**女儿说**」和老师保持频繁交流，了解孩子平时在学校的点点滴滴，顺便提供在家里的表现，互相佐证，共同教育，在家长看来，是再正常不过的事情。家长大概是这么想的：孩子在课堂上有没有开小差？有没有同学偷偷告白？小纸条上写了什么秘密？我怎么开展教育？然而，在孩子看来，老师和家长的联盟，有时却能引发新的矛盾。

故事　——是不是有男同学给你送礼物？
　　　　——你怎么知道？

老师和家长之间的联盟，是青春期的我最害怕的事情。每当他们在一起交换关于我的信息，审视我的言行，交流对我的观察，都让我恐慌。尤其当你的妈妈和你的老师是同事时，这简直是所有教师小孩的噩梦。因为这代表着这样的信息交换可以轻易发生在任何时间、任何场合。在他们开会的间隙，在校车上同行时，或是我根本不知道的其他场合。一旦合围之势形成，我就像是束手就擒的羔羊，等待着一场"证据充足"的"控告"和"教训"。大多数时候，这种联盟后的教育都是可预期的，一般月考、期中考试，或者是家长会后，我都会迎来一顿"言之凿凿"的教育。但有的时候，我会毫无准备地，被突然"袭击"。

初三的一个晚自习下课后，正在收拾书包准备回家的我，被身后的男同学A叫住，他递给我一只超大的娃娃，祝我生日快乐。是的，那天是我的生日。我没有任何心理负担地开心地接过，自然地谢过。那个男生是班上出名的社交王。在男生女生说话都会被强行赋予某些意义的青春期，A是少数可以跟任何人都大方自然交往，而不会被过度解读的人。那段时间我们坐前后桌，多了很多自然的交流，我也帮他回答英语作业的问题。这个生日礼物是一种因为自然相处而建立起更加熟悉的同学关系的友好示意，以及对我平时热心辅导他英语作业的感谢。

我欣喜地抱着娃娃准备穿过讲台出教室，守晚自习的班主任正坐在讲台中间，他看似随意地问我：

"唐雅月，这么大个娃娃，谁送给你的呀？"

"A送的，生日礼物。"我毫无遮掩地回答，还带着一丝分享收到礼物的开心。

班主任微笑点点头，并无他话。谁想，仅仅过了一天，这简短的对话就引爆了一场争吵。

第二天晚上，我和一起下晚自习的妈妈刚好赶上同一辆校车。在离家最近的一站下车后，我们照常步行最后的300米。妈妈突然神色严肃地转过身问我：

"B是不是昨天给你送礼物了？"

"没有啊。"我疑惑地回答。

"不要撒谎，妈妈都知道。"她语气中开始带着不悦，像是抓住我撒谎的现行。

"你怎么知道？"我突然明白过来是怎么回事，心中顿起一股怒火。

"你不要管我怎么知道！你说B是不是给你送礼物了？"

"没有！不是B，是A送的！"我气愤地纠正她。

"不管谁送的，你都不应该收！"妈妈很快地略过我对她错误信息的纠正，继续问责。

"为什么？他送我生日礼物，我为什么不能收？"我越来越炸毛，在一种被班主任"告密"的基础上，还带着被家长约束同学交往的不满。

"不要接受男同学送给你的礼物，在你们这个敏感的年龄，你接受，别人会以为你也喜欢他，而且还会乱传。"

"A根本就不喜欢我，他喜欢的是别人。他把我当好朋友，才送我礼物，我为什么不能收？别的女同学生日，他也会送礼物。我不收，才让别人难堪，以为我在胡乱揣测他的意图。再说，就算他喜欢我，送我礼物，我为什么不能收？我收了一个娃娃，就代表我喜欢他了？"我愤怒的大脑启动了防御机制，飞快运转，扎扎实实地怼了回去。这顿流畅的输出一点都不难，因为每一个字都是事实，也是我的心里话。

"而且班主任凭什么把所有关于我的事情都跟你讲！我跟他讲的事回头就跟你讲，我还有没有一点隐私？！况且他还讲错，冤枉我，还冤枉别人！"我继续输出，积攒已久的怨气彻底爆发。自从换到跟妈妈同一个校区上学，我的校园生活像被装上了无数个监控，每位老师都像妈妈的线人，我的一举一动皆被她掌握到细节，这让我十分不悦，甚至憋屈。

"我在跟你说收礼物这件事情，你不要给我扯到其他。你们老师跟我讲，是为了预防你们早恋。这是你自己的问题，不要怪到别人身上。"妈妈依然不为所动，严词斥责。

我不愿再跟她辩论，自知这场争吵不会以任何一方的认输而结束，就像之前的无数次。于是生气地超过她，兀自快步往家走去，回到家后便锁紧房门抱着那个娃娃悄声哭泣。

自那晚以后，接连着又是好一段时间的冷战。估计在我妈的小本本上，又给我著名的初中叛逆期记上了一笔。

对谈

妈妈：这么一件小事，你居然记得这么清楚？

女儿： 这也许是一件琐事，但绝对不是一件小事。妈妈你知道吗？在那之前，我对班主任的评价还挺好的。可是从那以后，我看他时就多了层"滤镜"，觉得他是个告密者。

妈妈： 你不能这样说你的老师，他是在防患于未然，杜绝一种可能性的发生。出发点是好的，而且我不觉得他这样做就不对。

女儿： 反正后来我成为老师，我是绝不会把学生跟我说的秘密透露给家长的。在我看来，老师的角色不能延伸到学生的家庭里。学生在家庭生活中是孩子，一个孩子和父母之间的相处，远比师生之间相处要复杂得多，我不愿再因为跟家长联盟而增加家长和孩子之间的摩擦。

妈妈： 那是因为你的教学经历还不够长，你还没有遇到需要与家长联合起来才能更好帮助学生的情况而已。每一个学生的家庭背景是不一样的，有时候更需要与学生站在一起，有时候更需要与家长站在一起，但是最终目的是一样的，都是为了学生更好的发展。

女儿： 可是从孩子的视角，我并不想共享我所有的生活细节。学校和家，是我最重要的两个生活空间，在家里，我的一切言行已经被你们无所不知了。在学校，我希望有一种和家里不一样的生活，有你们不知道的事情，有只属于我的隐秘角落。如果我的老师总是向家长透露我在学校的一切，我会失去对他的信任，不会再轻易袒露心迹，甚至可能不再喜欢他，不再重视他的课。当学生感到老师的"背叛"时，这种"因爱生恨"几乎是不可避免的，只是程度不同而已。

妈妈： 我当过这么多年的老师，教过这么多学生，知道你说的，是真的。但是比起学生早恋带来的影响，老师也宁愿接受学生这样的"恨"，这也许是老师职业的本能。我也给你讲个故事吧：

初二下学期，班里成绩非常好男同学 Q 与女同学 D 关系十分要好，于是其他同学就传他们在谈恋爱，这样的信息也自然而然地传到了作为班主任的我的耳朵里，我也加强了对他们的观察与试探。一段时间后，女同学 D 的成绩有所下滑，我就找她谈话了。我也拿不准他们是否在谈恋爱，就给她讲了一种自然现象——棉花的生长：从自然生长的角度，为了接受更多阳光雨露，从各个方向长出枝条都是正常的，但是为了结更多更好的棉桃，总是要修剪一些枝条。所以正常的事不一定是正确的。

一次偶然的机会，碰见了女同学D的妈妈，就把同学们的传说告诉了她的妈妈，也是希望借助家长的观察来共同防患于未然。

她妈妈听了之后，并没有及时处理，也是在寻找教育机会。一个周末，母女俩逛街时，碰见一位陌生的叔叔跟她妈妈打招呼，二人还寒暄了一阵。后面发生了下面的对话：

——妈妈，刚才那位叔叔是谁？"

——是我初中时的同学，也是妈妈当年喜欢的对象。

——妈妈，你这么没有眼光啊！

——你不要看他今天的样子，好像落寞失意，那时他可是班里很多女同学喜欢的对象，那个时候妈妈的目光很短浅。

聪明的D听懂了她妈妈的话，就这样，在老师和妈妈的共同帮助下，她与男同学Q的关系恢复了正常，同学们的传说也停止了，女同学D的学业又稳步前进。

女儿：我明白你这故事的意图。所以家长和老师的联盟，要懂得聪明地运用互相交换的信息，在合适的时机使用合适的教育方式。如果只是武断地利用这种交换信息对孩子进行直接的审判，往往只会让孩子同时失去对老师和家长的亲密信任。

反思

1. 青春期的情感社交是成年之前的练习

青春期的男女同学交往这件事，在没有家长介入之前，对于作为当事人的青少年们，本就足以敏感和复杂。刚刚开始探索情感世界的他们，小心翼翼地应对着关系互动的深浅，把握着言谈举止的边界；用青春的量尺去探测着异性相处的尺度，用青春的感官去体验着各种情感的差异。这是青春期对情感认知和体验的一个必经过程。青春期的少男少女，相处的状态就像彩色的光谱，会有很多颜色，会有情窦初开的粉色，也会有同学情谊的绿色，或是介于中间状态的粉绿色，或深或浅。这是独属于青春期的一种特殊的状态，混沌却也纯真。此时，孩子更需要家长暂时放下父母的权威，以曾经的青少年身份，去帮助他们了解这种新奇和困惑的感受，帮助他们学会正确处理不同的情感社交。即便要规避某种情况，也要是孩子正视问题、权衡利弊后的主动放弃，而不是一种强制性的被动回避。等他们成年之后，生活的复杂度和难度陡然增加，他们既需要青春期这种情感体验的帮助，又需要它们的抚慰。

2. 家校联盟需要给孩子留出空间

没有一个人希望自己的世界被别人一览无余。作为青少年，刚刚经历被父母完全呵护庇佑的孩童时期，怀着极大的兴奋，他们终于要开始修建自己的青春城堡，探索和设置无数新鲜隐秘的角落了。当走进他们的青春城堡时，会发现有的地方挂着"欢迎光临"的牌子，有的地方则挂着"请勿擅闯"的牌子。当他们有不愿共享的秘密时，请抵抗住好奇的引诱，尊重他们的隐私，更不要擅闯他们的自我保留地。相信大多数家长和老师都是以一种守卫者的心态和姿态，想要保护孩子，为他们的成长保驾护航。可是要记住，千万别把这个青春城堡围得铁桶一般，让里面的人失去通往宽广世界的出口。对于住在里面的人来说，这不是一种守护，而是一种囚禁。

十二篇　响鼓不用重锤敲，如何制造孩子的顿悟时刻？

> 「**女儿说**」无论是在家庭教育中还是在学校教育中，激励孩子都是非常重要的。因为只有真正激发了他们的斗志，才能让他们由衷地产生让人惊喜的转变。可什么样的激励方式能对孩子起作用，常常令教育者摸不着头脑。有时苦口婆心说了半天，发现孩子一点儿都没听进去，于是开始怀疑激励这件事似乎是无据可依的玄学，其实激励是有迹可循的，它们隐藏在一些看似漫不经心却又饱含深意的细节里。

:-) 故事 ——给我一个支点，撬动整个地球

雷老师是我初中的第一位英语老师，她个子娇小，喜欢穿高跟鞋，常年盘着头发，戴着一副细框眼镜，镜片背后是一双凌厉的眼睛，瞪起来时会散发出一种可以把你"射穿"的光。雷老师的声音又尖又细，音量又高，说起话来，隔两个班都能听到。她是我遇到过的最牙尖嘴利的老师，说起人来一点儿都不客气，班上的同学几乎被她"讽刺"了个遍。总而言之，"气势凌人"+"牙尖嘴利"=威力无敌。

奇怪的是，这样一个一点儿都不温柔的老师，我们班的同学却都很喜欢她，原因很简单——她爱我们。

记得初一时学校组织了一个英语班，每个班挑选英语成绩较好的学生参加，周末集中辅导，为比赛做准备。第一次上课，做了一次课前测验，当场公布成绩，我们班班长考得不好，那周负责上课的老师特别尖酸刻薄，竟当众挖苦：居然还有人考不及格，真是好笑！班长当时羞愧难当，我们其他几个人听了也都特别生气。

下课返回原班后，我们立即跟雷老师说了这件事。她当场火冒三丈，说道："她竟敢这样说我的学生，你们都是我的小鸡崽儿，谁要是敢欺负你们，我这个老母鸡跟她没完！"那爹翅护崽儿的姿态，我在别的老师身上从来没有见到过。

那时在班上，我们五个女生，学习成绩好，经常参加学校活动，大小考试基本包揽班上前五名，于是便有了"五朵金花"的称号。

有一次，雷老师在课上讲了一个新知识点，大概是关于 other... than... 的比较句型，有很多同义句型。像以前的每一个新知识点一样，我学起来依然轻松，很快就理解并掌握了，并没有遇到任何阻碍。但那一天晚自习，我进办公室交作业时雷老师叫住了我，她对我说，Z同学根据今天在课上讲的知识，推导出了另外一个类似的比较级的同义句型，曾在课间来找她验证，结果是对的，Z推导出的句型是我们即将要学的下一个新知识点。雷老师说罢抬头看着我的眼睛，说了一句平常却让我终生难忘的话："我觉得你也可以做到。"

Z也是"五朵金花"之一，在英语方面，我俩不分伯仲。更重要的是，我们是好朋友，而且每次考试分数总是差不多，比较也似乎失去了意义。但那次回教室后，我特意问了Z是怎么推导的，认真地看了她写的笔记草稿。从那以后，我的内心发生了一些变化，开始有意无意地和其他几个女生进行比较，但关注的不是每次考试的分数，而是每个人学习的状态。我常常想起雷老师跟我说那番话时的眼神，我开始明白同样的分数不能说明我们学得同样好，Z的这个故事就是一个案例。

做学生时，有过很多被老师耳提面命、苦口婆心教育的经历，但那些长篇大论的谈话多数我已不记得。雷老师跟我说的这寥寥数语完全不属于那种触及灵魂的典型谈话，甚至都算不上一次谈话，但这么多年过去了，她的话一直留在我心中，仍有余威。

我无法推测雷老师当时对我说这番话的全部意图，初中时自己的领悟能力也有限，现在回头体会这个故事，觉得意味深长。那大概是人生第一次，老师用了一个非常鲜明的例子对我提出了超出我意料之外的期待。她没说得这么直白，但我理解了，她在告诉我：你对学习应该有更高层次的追求。

自那以后，我一直把那次事件当作一个标杆，时时提醒自己。

对谈

女儿： 从老师的角度来讲，你觉得雷老师当时为什么要特意跟我说这件事？

妈妈： 那是一种对优秀学生的激励，响鼓不用重锤敲，雷老师并没有直接说Z的学习方法比你的更好，只是把这个事实陈述给你。我相信你在听雷老师跟你说的时候，感受到的不是她在批评你做得不好，而是对你有更高的期待，她是在用激励的方式爱你。好的老师懂得如何爱惜学生，也一定能让学生感受到老师的爱，但对不同的学生有不同的爱的方法。

女儿： 当时我确实受到了很大的刺激，但内心的波动更多是出于一种竞争的心态，毕竟还是一个好胜心强的初中生，想要证明无论是结果还是过程我都比Z更优秀，所以暗暗下决心一定要在每个方面都做得比Z好，让雷老师以后拿我做案例去给别人讲。但那时我并没有意识到，其实雷老师的这番话还悄悄地对我产生了别的影响。

妈妈： 什么影响？

女儿： 改变了我对学习的追求和认知，至少是在英语学习上。在那之前，我的认知还停留在凡是老师讲过的知识，我能很轻松地理解与掌握，会做题，拿高分，就代表学得很好了，认为那就是学习的终点。但在那之后，我不再满足于此，心中有了"超越"二字，我开始去追求知识的延展，关注探索的方法，比如它与什么相似，和什么相关，未来有可能演变成什么。其实像类比、归纳、总结等有效的学习方法需要在这些具体知识中去练习，然后一点一点内化成一种习惯或者本能。我开始将学习的终点往后移，甚至更正了我对学习是否有终点这件事的认知。

妈妈： 这让我想起你关于学英语的另一番话。你读高中时，我曾经问你："雅月，你觉得高中英语的学习与初中有什么不同？"你回答："初中英语考试的内容几乎都是老师讲过的知识，只要学懂了，就会做题，可以拿高分甚至拿满分，但高中英语考试的内容总有那么几分是老师没有讲的，我的英语成绩之所以总能比别人高几分，都是我自己拓展的。"今天看来，你高中时的这番学习感悟是有迹可循的，也许正是源自雷老师的这番话对你潜移默化的影响。

女儿： 我都不记得我讲过这些，你还观察得挺到位（笑）。现在的我会再补上一个体会——其实差的那几分，考验的并不是知识，而是求知，那是比知识更重要的收获。

妈妈： 很高兴你有这样的领悟。教育的本质就是让正面的改变积极发生，你的英语老师对你的提点，不仅触动了你，而且真正地改变了你。激励的本质就是两大系统：一是动力系统，二是方法系统。作为老师也好，作为父母也好，最好的激励就是既能促进动力，又能触摸到方法。雷老师一个细小的举措能带给你深刻的变化就是基于此。

反思

1. 没有论据的辩手不能让人心服口服

每一次用言语教育孩子，都像一次说服他们的辩论赛，而只有论点，没有论据的辩手不能让人心服口服。教育孩子的情景常常是父母单方面在讲话，但其实看上去乖乖听训的孩子常常在心中默默反驳，做一个不出声的辩手，仔细审视父母的每一个论点。

父母对孩子的教育常常容易远离事实与细节，而滑向对孩子的概括性评论，这会影响我们对事情全貌的认知，从而影响对孩子的客观评价。有时，父母甚至很喜欢"举一反三"，从当下这件事牵连出好多前尘往事，再"打包"批评孩子。请相信我，这时孩子的心中早已翻起了"白眼"，说什么对他们都不起作用了。没有人喜欢被往事反复牵连，教育者要就事论事。

即便在不完全了解过程和细节的情况下，凭着成年人的判断能力，父母也可以对孩子进行评价，这些评价有时也是正确的，但没有事实细节，只有评价结论，会产生副作用，那就是降低了你在孩子心中的可信度。没有客观事实的教育很难让孩子共情同理，最后往往是父母批评孩子看不到大局，孩子怪父母看不到细节。这也是有时即使父母说的话完全正确，孩子也不接受的原因。在实施教育的过程中，能达到目的靠的往往不是客观的正确与错误，而是孩子对你的信任。

在交流中，父母要多做观察者，陈述具体的事实、具体的事件、具体的方法、具体的目的，让孩子去琢磨、去理解、去践行。父母更不要低估了孩子的能力，有时候，话不用说完，也不用说满，孩子能感觉到话里可琢磨的空间。琢磨的过程有可能就是孩子发生自我转变的开始。

2. 教育要小修小补

医学界提倡的一个概念叫作"预防性医疗"，指平时多做一些预防性措施，最好不要走到生病去医院治疗的那一步。比如，牙痛就是一个典型的例子，等到痛到不行，坏到一定需要拔牙换齿，是无奈之举；而平时多正确防护，定期看牙医，是最佳的方式。

教育也是一样。等到孩子的某一方面出了大问题，企图通过一次性的干预来完全改善，是很困难的，或者说要付出相当大的努力，无论是对于父母还是孩子。成长是一个持续性进步的过程，孩子需要感受到被关注，而不只是一个被评估的对象。如果平时不关注，在月考、期中考试或期末考试之后发现孩子考得不好，父母立即切换到医生模式就要开刀，孩子是很难接受的。

教育是一门慢的艺术，野心和贪心往往会适得其反。一次教育的目的不要太多，把点放小聚焦，往往更有效果。一是因为父母和孩子对一件事情理解的吻合度越高，教育效果越好，这在小点上更容易做到。二是讨论小的事情对父母和孩子的风险都很小，不用上升到一些敏感的话题和观念，比较容易沟通。

多做微调，不要动不动就大修大整。也许有一天你会惊喜地发现，通过撬动某一个点，孩子实现了高纬度的变化，那就是真正的自我转变了。

第十三篇　有爱好的孩子，人生才不会单薄

「女儿说」小时候，在妈妈的选择下，我拥有两段相对完整的兴趣班学习体验。一是学电子琴，二是学书画。学电子琴对于我而言是一段噩梦般的经历，而学书画却像是走进了一个多彩的世界。十几年后，28岁的我又自己开启了第三段爱好学习——学大提琴。这一次，我对艺术的体验和理解又上升到新的层面。在这个故事中，我想用这横跨二十多年的三段关于爱好的学习体验来回答——看上去跟学习毫不相关的兴趣爱好究竟对孩子有什么影响。

故事——黑白与彩色的距离

1. 黑白琴键

小时候有一段不长不短的学琴经历，对我而言是不太美好的人生回忆。那几年，每到周末，我就会拿上琴袋装上这一周的练习曲谱，一个人从家里沿着人来人往的大街走到上课的教室。几年下来，这条路走过无数次，但无一例外，每次上课我都觉得这条路好漫长，尽头是不想到达的"黑白世界"。

上课的教室在一个小区的住宅楼里，由一套普通住房改造而成，说是改造，但其实除了功能上的改变——从住人变成放琴，房子并没有任何变化。我上的是大课，八九个孩子一个班。大房间里摆放着9架琴，前面有个小黑板。每次

到了教室，自己选一架琴，戴上耳机练习各自的曲子。有时候到得晚了，推开门就会看见我的小伙伴们坐在琴前面用力地按着键盘，眉头都皱在一起，脸上写满了焦虑。那个画面现在想来挺"诡异"的，因为戴着耳机，所以你根本听不到他们弹奏乐曲的声音，只有敲键盘的哐哐声，此起彼伏。

一堂课的基本流程是：老师先在小黑板前讲乐理知识——我们挨个将练习的曲目弹给老师听——听老师反馈和指导——老师布置下周曲目——我们再回到大教室练习——结束离开。这样总结描述出来似乎也就是个正常的流程，可是没有亲身经历过的人很难体会我的恐惧。每次当大教室的门打开，老师口中喊出你的名字，将你带到对面单独的小教室进行一对一指导时，就像一次悬崖走钢丝的表演。失败了，从万米高空坠落；成功了，只有侥幸的喘息和无尽的后怕。那个小教室只有一架钢琴和一架电子琴，除此之外，只有惨白的墙壁。

我的启蒙老师真的很凶，在大教室戴着耳机也能经常能听到隔了两扇门的他在斥责学生。那一刻，真是在瑟瑟发抖。无论我的曲子练得多好，那种紧张和畏惧之感从来都没有消失过。当然，害怕和痛苦也是一种动力，为了早日解脱，我选择的考级方案基本上都是跳级，这才缩短了考到最高级的时间，否则学琴的痛苦还会延长1~2年。

拿到9级证书，我的学琴生涯总算结束了。很快，电子琴就被送给了妹妹，由她继续使用。其实现在想起来很奇怪，父母和我居然如此干脆地将琴送人，一丝留恋都没有。而我所指的留恋不是指对琴的经济价值的留恋，而是我们没有一个人觉得应该把这架琴留下来当作我学琴的见证、成长的证据。

但大家如果要问学习电子琴对我来说真的一点儿积极的意义都没有吗？答案当然是否定的。因为学习和训练，我获得了基本的乐理知识、音乐直觉和弹奏技能。它们当然给了我帮助，比如当我开始学习新乐器，我入门的速度会比一般的初学者要快。可是这些好处不能消弭那几年我学琴的痛苦是真的。我也曾经自我辩解，这种痛苦记忆也许是小孩子对于任何辛苦的事情的自然反应。对于这种痛苦，成年之后往往是能够释怀的，甚至会从中解读出一种欣慰，会有"感谢当年那个自己"的觉悟。可是成年之后，我无论怎么回忆，那段经历给我留下的情绪痕迹始终是很糟糕的。我与琴朝夕相处，可事实上，我离艺术很远。画面是黑白的，触感是粗糙的，听觉是单一的，味道是苦涩的。那个惨白色的琴房是我所有关于学琴的回忆。都说艺术是认知这个多彩世界的门，而我却像被关进了一个白色的盒子，每周一次，连续四年。

可是，学习艺术真的只有这一种体验吗？不是的，我也曾经进过不一样的门，看到过多彩的世界。

2. 多彩画笔

那时妈妈带着我才搬到铜梁不久，我刚上小学三年级。失去了旧日小伙伴的我天天跟妈妈抱怨说，"铜梁不好玩，放学不好玩"。于是，刚到新单位忙得不可开交的妈妈经过找寻后，每周末会把我送到一位朋友兼美术老师的家里待上一天。王老师在自己家开了一个小小的家庭艺术培训班，加上我一共有六七个小朋友。其实那时候都不叫培训班，甚至没有培训班这种说法，无论是对妈妈还是对王老师而言，就是把有相同需求的几个朋友家的小孩聚在一起，边学边玩，打发周末。

王老师是位和蔼可亲的叔叔，戴着一副黑框眼镜，常年穿着白衬衫，说话永远是温柔的，带着笑意，从来不对小朋友发脾气，甚至连大声说话都没有。他家就住在我的小学校园内，周末我就沿着平时上学的路，从学校后门进去右拐就到了；熟门熟路的也让妈妈更加放心，还不用接送，因为午饭也在王老师家里吃。就这样，既有老师教我书画，又有同龄的小伙伴陪伴玩耍，还解决了午饭问题，可谓一举多得，我和妈妈都对这个安排很满意。

王老师每周安排的课像是盲盒，去之前，是不知道今天会学什么的。但只有练书法的时间是固定的，每次头1~2小时是专门的书法时间，大家围着一张桌子，面前全是毛毡、宣纸和各种临摹帖。

练习书法本来是很枯燥的，但我并没有对这件事产生抵触情绪，我想大概有两个原因。一是王老师更注重广度。他并不会因为我们是初学的小朋友，就只教我们写楷书。他会教我们认识不同的字体，楷书、行书、隶书、颜体、柳体、瘦金体我们都接触过。正因为认识了不同的字体，原本无趣的横竖捺撇有了胖胖瘦瘦、歪歪斜斜的变化，黑色的毛笔字在我眼中有了色彩。二是因为王老师会给出具体的反馈。他会在我们的练习纸上圈出写得好的字并告诉我们这个字哪里写得好。每次我都会认真数当天的练习纸上有多少个圈圈，回家后，妈妈也能看见我具体的进步，我的提高和成就感都藏在那些圈圈里。后来，妈妈也学会了这一招，我自己在家练习的时候，她也会圈出写得好的字并告诉我为什么。这样的"圈圈"成为我的练习纸上最特殊的符号，对我而言，它既是一种有效的反馈，更是一种直接的鼓励，给了我极大的快乐与信心。

　　一直以来，大家都夸我字写得好，我自认为跟小时候学写毛笔字很有关系。字写得好无外乎两点，一是足够专注，二是结构合理，这两点写毛笔字时都能训练到。在晨间习字的那1~2小时，王老师会一个一个地指导我们，纠正握笔的姿势，指点提笔、顿笔的力度与时间，然后他会坐回自己的位置，和我们一样提笔写字。练字练心，那些在沙沙的写字声和淡淡的墨香中度过的早晨让我们这些玩闹的小孩子学会了收心，也让我养成了常年写毛笔字的习惯。一直到现在，每当心情烦躁时，我就会提笔写字，像是回到了在王老师家中和他一起安静地坐于书桌前练字的旧时光。

　　写完字后，我们会玩闹一阵，然后开始学习画画。说到画画，也许大部分人的印象是在美术课上拿着笔在练习本上按照老师的要求作画。可是在王老师那里，画画意味着用各种工具以各种方式创作。我们学习素描，用铅笔去领会明暗的对比；学习水彩，体会颜料、水与纸的互动；学习中国画，勾勒山水意象、调和浓淡轻重。除此之外，我们还学了木版画、拓印画、蜡笔画，甚至还会把墨水滴在纸上，用嘴把它向不同方向吹散，散成什么样就是什么画。现在写出来，我都觉得不可思议。前后也就在王老师家学了一年多，但我在那里玩的花样比我在学校十几年的美术课上学的总和还多。

而且我们画画常常是就地取材，看见什么画什么。我记得第一次画素描，就是用右手画自己的左手。天气晴朗时，会去户外，王老师让我们在花坛里挑自己喜欢的东西画。有人画花，有人画草，有人画石头、虫子，有人画被阳光照得深深浅浅的树叶。那不就是孩子的视角吗？抬头低头都是风景。

诚然，一年多的时间并不长，这些技艺我都只学了皮毛，并不精通。但对美的向往都是从略懂皮毛开始的。对我而言，那一段时光奠定了我对艺术的好感，让懵懵懂懂的我感知到朦朦胧胧的艺术之美，虽不懂深意，但那些画面、触感以及轻松快乐的氛围指引着我去亲近艺术。

当然，想要专业学习美术远不止我所认知到的这些，但对于启蒙阶段的艺术教育，对美的向往应该成为所有人的共识。

对比学琴的经历，学书画简直是梦幻一般的美好。大概也是因为画画没有考级吧，而且琴和画的效果呈现不太一样，琴可以客观地评价，有比较简单的衡量标准，至少弹错了说明没有好好练习。而对画的评价相对比较主观，即使疏于练习，也难以简单评价说画得好与不好。所以我的感受对于电子琴老师也颇为不公，因为乐器类的爱好对于练习的要求更高，老师也只能用更严厉的方式来迫使学生练习。即便练习和严师必不可少，可这中间难道一点儿美和快乐的空间都没有吗？

3. 热情心灵

这个问题，直到遇到大提琴老师 Chi，我有了新的答案。Chi 是我遇到的人生经历最为传奇的老师，让我大开眼界。毫不夸张地说，一年多的学习经历是我生命中最深刻的一段艺术体验，以往所有对艺术的感触加起来也没有这一年多，不仅使我感受了大提琴如晴天、似雨天的魅力，还印证了很多我关于艺术的美好想象，更打破了艺术和生活的边界，让我相信艺术即生活，生活即艺术。

Chi 在 20 世纪七八十年代前往美国求学。由于一心向往纽约这个艺术之都，她毅然决然放弃了耶鲁大学，只身去往纽约的音乐学院专攻大提琴，成为一名她口中的"Starving Artist"（挨饿的艺术家）。成为一名大提琴演奏家后，她跟随美国各大乐团进行演出，无论是卡耐基音乐厅还是好莱坞的电影里，都有她演出的身影。

那时我才搬家，去琴行租琴时跟老板打听教课的老师，他推荐了Chi。后来我才知道，他家的琴行正是由Chi负责室内设计的。是的，我的大提琴老师同时还是一名室内设计师。更出人意料的是，Chi目前正在斯坦福大学上课，为她的下一个身份——作家做准备。

你的大提琴叫什么名字？

第一次正式上课时，我已有几个月的大提琴基础，不算完全的"小白"。去之前，我想过也许Chi会问我一些与大提琴有关的问题，比如持弓的正确姿势是怎样的，或者会拉什么曲目之类的。但当Chi问我你的琴叫什么名字时，我愣住了。看着手中的大提琴，我不知所措。我的慌乱不仅是因为没有一个答案，更是因为我从来没有被问过这样的问题。

Chi对我说："你应该给你的琴取一个名字，还有你的弓，因为它们是你的伙伴，你们要合作才能奏出美妙的音乐。这样你每次练琴，就是和朋友的一场聚会，而不是把琴当作敌人，把练琴房当作战场。而且大提琴是越拉越顺手，音色也是越拉越淳，时间会让它拥有恒久的魅力，朋友也是这样，不是吗？"

我被Chi说的话深深打动。

一个星期后，第一次乐团课，我做自我介绍时，也正式介绍了我的琴——Moonlight（月光），我的弓——Reflection（镜面）。当我的琴和弓有了名字后，原本没有生命的木头和弦像是有了灵魂，我无法再将它们只看作冰冷的乐器。

嗯？看来它不喜欢巴赫！

除了一对一的课，每月有一次组课。成人学生和青少年学生是一组，12人左右。组课有着很多不同于一对一上课的体验，我很喜欢。有一段时间，一只蜂鸟妈妈在 Chi 的花园里的水晶灯上筑了巢,准备孵小蜂鸟。Chi 开心地跟每一个学生介绍她家里的这位"不速之客"。在那个月的组课上,我们异常兴奋,每个人独奏结束后,大家都会看一看窗外的蜂鸟有没有被琴声吓走。很长一段时间,它都一直停在巢里没动,像是在欣赏我们夜晚音乐会的观众。轮到 Chi 独奏时,她拉了一首巴赫的曲子。演奏结束之后,大家又转头去看蜂鸟,结果发现它不在巢里了。

Chi 转过头来,对我们耸了耸肩,说道:"嗯?看来它不喜欢巴赫!"

那个瞬间,我心里的某根弦被轻轻地拨动了,一只有着自己音乐品位的蜂鸟,我被这个意象深深打动了。一个本是寻常的夜晚被这样一个瞬间改变,像是一个精灵施了欢乐的魔法,让我整晚都处于一种好久没有感受到的喜悦中,像是在庸庸碌碌的日常生活中插入了一个休止符,给了让人呼吸的停顿。像这样的时刻还有很多,这份融入了她生命的,对大提琴、对艺术的热爱之情无时无刻不在感染着我。

练习当享受的表演者和得体的听众

Chi 的组课有一套固定的流程,其中一个重要环节就是每个人要轮流独奏一曲。第一次听到这个规矩时,我带着大大的困惑:难道不是有一定水平的学生才可以独奏吗?像我们这样的初学者,水平有限,曲目简单,独奏有何意义?但第一次组课还没上完,我就明白了,在这个环节,曲目拉得如何并不是最重要的,如何成为一个好的表演者才是。

在 Chi 的课上,演奏不能没头没尾,上来就直接拉琴是不允许的,因为她说,好好地开始和好好地结束也是完整演出的一部分。在 Chi 的要求和训练下,独奏前,每个人都要起立完成一句演出介绍——"我叫某某,今天我将为大家演奏巴赫的小步舞曲。"起身站立时,左手握住琴颈,拿弓的右手自然垂下,不要挥舞在空中,眼睛自信大方地看向观众,介绍时声音要清楚响亮,这些都是 Chi 会反复纠正的细节。因为对小孩子而言,这真不是一件容易的事。他们要么站得七歪八倒,要么说话声音如蚊蝇,要么眼睛总是看向地面,十分不自在。Chi 从来不允许在这个环节糊弄过去，总是会让他们重新做，好好说，直到得体地完成介绍，才可以开始拉琴。表演结束后，要站起来接受大家的掌声，鞠躬致意，如此表演才算完成。

除了表演者，Chi 对听众也有要求。她不允许我们瘫坐在椅子上，而要坐直挺身，琴靠在胸前，弓放在腿上，手搭在膝盖上。听的时候保持安静和专注，表演结束后既可以拍手，也可以拍琴面，或者不方便发出声音的时候，可以摇弓替代，这是一名听众和乐手的礼仪。

上组课的时间有限，Chi 无法对每个人的曲目一一点评，但她一定会对每个人的表演状态做出反馈。每一节课都是如此，从来没有放松过要求。这些看似简单的言行，不仅对小孩子，坦白来讲，对我一个成年人来说，也不是一件容易的事。

遗憾的是，这么多年，没有任何人教过我这些事情。

在小时候学琴的经历中，没有一次考级、比赛或者表演，我是开心的。不是因为担心曲目练得不够好，而是因为一旦上台，我总是感觉手足无措，不知道该怎么办。之前的老师会花时间帮我纠音、纠正手型，但从来没有花时间教我该如何做一个表演者，只有上台前的一句"不要紧张"，然而对于一个小孩子，这是一句根本无法理解的话。我总是狼狈地上台，手上全是汗，浑身都在发抖，那种局促和不安从来都没有消失过，是获奖证书和掌声都无法抹去的难堪的情绪记忆。

看到 Chi 和学生的互动，我才明白，所谓紧张，都不是简单的性格问题或者经验不足，而是在某一方面缺乏训练。除了练习琴技，做一名表演者也需要练习。尤其是小孩子，需要一次又一次地练习、接受提醒和指导，直到他们将这些变成习惯，变成本能。

Chi 常说，在将来，如果你们中有人走上了职业道路，你们会成为更好的乐手；如果没有，你们也会成为更好的听众。

对谈

妈妈： 看到这三段关于爱好的学习体验被你放在一起对比，还真的很有意思，也很有感触。电子琴老师是传统的严厉风格；王老师是自然的家庭风格；Chi 是有温度的艺术家风格，她将对音乐的热爱融入生活中的每个瞬间，以至于把琴、弓以及蜂鸟都当成了朋友与观众，一起构成了她的音乐世界，形成了她独特的音乐教育观。这样的老师不多见，你能遇见也是你的运气。

女儿： 那妈妈你小时候有什么兴趣爱好吗？

妈妈： 妈妈那个年代接受的教育比较单一，是学习至上，兴趣爱好可能更多被当作了不务正业。记得我小时候喜欢用缝纫机做衣服，还被你外婆斥责没把精力用在学习上。当然另一方面是因为那时家庭条件也不具备，连交学费都很困难，更别提培养兴趣爱好了。如今社会在进步，父母对教育的理解在升华，所以你们这一代的体验更丰富。

女儿： 谈到兴趣爱好，我发现一个有趣的现象：孩子小时候爱唱歌、跳舞、画画，父母多半都很开心，对他们的演唱、舞蹈或作品赞不绝口。可一旦孩子上了中学，要继续学唱歌、跳舞、画画，很多父母就态度大变，担心影响学习，甚至有家庭为此闹得不可开交。你怎么看待这个问题？

妈妈： 不少父母会因为孩子上中学后学习压力变大，权衡之下而让孩子放弃兴趣爱好，认为它们会影响学习。但我不这么认为，因为学习都是相通的，学习需要的素质也是相似的。兴趣爱好学习需要的专注和打磨精神对学科学习也有很大的助益，而且学习压力越大，越需要调节。丰富的业余生活，会给孩子更多释放压力的渠道，是他们表达自己内心世界的一种方式。

女儿： 这一点我深有体会，无论是音乐、舞蹈，还是绘画，都是对生活的感知，或者对内心的表达。正是因为从小到大你一直都鼓励、支持我发展新的爱好，所以我保持了一颗探索的心，对世界的好奇无穷无尽。学大提琴、学滑雪、观星等都让我觉得很快乐、很充实。

妈妈： 妈妈年轻的时候也想这样，但因为外在条件的缺乏，很难如愿，所以不希望你有同样的遗憾。看到现在的你不断地发展新的爱好，热爱生活，妈妈很开心、很羡慕，也很欣慰。

反思

1. 凡有所学，皆成性格

在学校体系中，因为有了中考和高考的参照，学科有了"三六九等"之分。一般"语、数、外"称为主科，"音、体、美"称为副科，而"物、化、生"和"政、史、地"则介于二者之间。无论学校还是家长，明里暗里都在强调主科，弱化副科。但从学科价值而言，"语、数、外"真的高于"音、体、美"吗？并不是。培根有句名言："史鉴使人明智，诗歌使人灵秀，数学使人缜密，自然哲学使人深刻，伦理学使人庄重，逻辑和修辞之学使人善辩。凡有所学，皆成性格。"

知识原本没有主副之分，每一个学科都有不可替代的重要性，每一门学科都是等价的。不要轻易告诉孩子什么是不重要的。"语、数、外"作为基础学科固然重要，但如果因此强行抹杀学生对所谓"副科"的兴趣，那么也许一个在艺术、体育方面会更有成就的孩子就被"扼杀"在摇篮里了。

同时，教育者还要看得更开阔、更长远些，因为学校经历只是人生中的一小段。而学校只是社会的一个缩影，它有客观的指标和纬度，更有标准的考试。一旦离开学校，广阔的社会对人的评价就不再这么简单了，没有标准的考试，取而代之的是更全面的、更微妙的、更动态的考察。这时你得到的分数也许是你的艺术爱好带来的审美修养，运动爱好带来的健康体格和精神面貌，或者一直对生命保有热情而带来的积极状态。你不知道因为哪一项而得到高分，从而收获满意的工作或者理想的爱情，但可以确信的是，在人生这所学校里，没有一个学科不重要。

2. 寻找可以陪伴孩子更久的精神力量

当孩子是学生的时候，人生任务比较单一，周围还有各种角色的大人会提供细致的关心和帮助。随着成长，人生任务变得愈加复杂，他们逐渐发现世界远大于校园，让人头疼的也不仅仅是作业和考试。一旦开始独立处理人生的问题，他们会明白外界能给予的帮助是有限制的，环境、距离、时间都可以轻松将其隔断，真正的帮助都是自助。自助取决于自己能调动的精神力量有多强大。所以父母应该尝试帮助孩子培养一些真正的爱好。爱好常常可以激发孩子想要赢的野心、想要绽放的自由、追求美的渴望、找到同类的欣喜……这些是青春能为成年积累的最宝贵的财富。很多时候，看似没有生命的爱好却拥有着惊人的生命力，常常能给予人无法给予的安慰与鼓舞。这种生命力可以转换成精神力量长久地陪伴在孩子身边，保护他们。那些看似无用的爱好，往往是我们人生的珍宝，是得意时的凯歌、失意时的慰藉、困惑时的灵感，是随时得一方天地的自由心灵。

第十四篇 代沟不填平，小心变亲情鸿沟

「**女儿说**」代沟指的是年青一代与老一代在思想观念、生活态度、兴趣爱好方面存在的心理距离。很多时候，父母子女之间不再那么亲密就是从代沟的出现开始。父母觉得孩子的言行不可理解，孩子觉得父母的观念古板陈旧。这有解吗？

故事——看不惯的外卖和倒不掉的剩饭

1. 看不惯的外卖

似乎从上大学开始，外卖就是我的生活中新的日常存在。以前的吃饭范围总是受到地理位置的局限，自从有了外卖之后，随时随地就能吃到任何一种美食，对于吃货的我，岂不太快乐了！但这样一件快乐的事却也给我带来了很多不快乐。

妈妈不喜欢我点外卖，但凡看到就要数落一番，有时候在几米之外，就开始指指点点，说"一看就不好吃"，随后就开始批评我净吃些不健康的东西，生活习惯不好。我当然不愿被莫名批评，于是开始反驳，双方一来一回，便频频争执，不欢而散。为了避免这种不快，我在家点外卖都像做贼一样：会给外卖小哥备注放在门外哪里，千万别按门铃，短信通知我；然后仔细聆听父母是否在客厅，光速冲出去把外卖拿到房间；吃完后会把垃圾扔到离家好远的垃圾

桶，然后把房间的窗户打开散味。

有一段时间，二姨来重庆住了好几个月。和我年龄相仿的表妹自然也是爱点外卖吃，二姨和我妈就这个话题也多了好多聊天的素材。在二姨的陪伴带动下，感觉妈妈有了些变化，不再每次都批评我点外卖，偶尔会感兴趣地多问几句吃的是什么。

我问妈妈，二姨跟你说了什么？妈妈说：

"倒也不是二姨说了哪句话。而是和二姨回想起以前我们年轻时候的生活，也是经常跟外婆因为生活习惯而争吵，反倒有点能够感受你们的想法了。比如年轻时很爱喝凉水，外婆也是一样地不喜欢，会批评我们，说喝凉水对身体不好，尤其是女孩子。我不喜欢你点外卖，也是因为觉得外卖对你身体不好，重油重辣不说，食材肯定没有家里的好。不过也忘了，自己年轻的时候，其实也是一样的，只不过那时候条件不一样。我现在50多岁，口味在发生变化，确实觉得重口味的菜吃不了，所以以现在的身体感受作为出发点，会觉得那么不健康的东西，你也不要吃。但是你们是年轻人的身体，就会有年轻人的口味。我的担心却是有点身体感受的错位了。"

我对妈妈说："其实除了口味的不同，还有社会环境的变化。我们这一代人生活节奏快，工作压力大。没有时间也不愿把自己的休息时间用来买菜做饭洗碗，光想想它的烦琐就觉得压力'爆棚'了。点外卖节省时间，吃美食也是当代人解压的一种方式。每一代人年轻时的社会环境都不一样，所以我们的生活方式也不一样。如果你愿意，我会开心和你分享我的生活。如果你不感兴趣，能够尊重我的生活，对子女来说，这也就很好了。"

2. 倒不掉的剩饭

外公去世后，外婆每一年会在几个子女家中轮流待上几个月。每当外婆到我们家住时，就会有一件让我觉得奇怪又别扭的事，那就是家中的剩饭、剩菜再也倒不掉了。每顿饭总会出现上一顿没吃完的饭菜，而明明很多时候，都只剩下一些饭菜渣渣，摆上桌也不像样。每每这个时候，我都会不耐烦地说：外婆，这些剩饭、剩菜就不要了！我们家又不是吃不起饭，你为什么总要吃剩的？但外婆就是改不过来，冰箱里总是有各种各样的剩菜小碗。有时候强行倒掉，外婆就会发脾气，闹得很不愉快。

后来妈妈跟我讲起她小时候的故事。那时的生活条件很艰苦，白天外公、外婆外出做农活，家里的一切家务事就由三个女儿轮流分工负责，一个负责打扫，一个负责做饭，一个负责打猪草。每次轮到做饭时，总是"巧妇难为无米之炊"。家里的大米十分稀少珍贵，不舍得做干饭，常常煮稀饭，而且都是汤汤水水，米饭少得可怜，而有米吃已经是很好的情况，更常见的是米缸轻易就见底，只能用玉米糊充饥。作为老大的妈妈从小就展示出未雨绸缪的经营管理天赋，见到这个情形，她有了一个主意——每次轮到她做饭时，她就从米缸里抓出一小把米存在另一个小罐里，想着每顿饭少放一点米，并不会有太大影响，他人也察觉不出来，但长此以往，家里就有了一罐"备用米"。而这罐米什么时候用呢？妈妈说，每当外公、外婆从地里干完农活回来，实在累得不行的时候，会情不自禁地感叹："如果能喝上一碗稀饭就好了！"于是，备用的米罐就成了妈妈的"魔法罐"，她总是能够在外公、外婆最辛苦的时候变出稀饭，给劳作一天的父母最朴素的回馈。

听完这些故事，我觉得很惭愧。很难想象那段岁月给他们留下了怎样的身体记忆，被饿过的人对粮食的珍惜是刻在骨子里的。我开始理解——未经他人之苦，就永远不要武断地去批判别人，因为那是我不曾体会的人生。

对谈

女儿：其实我知道你直到现在也不喜欢我点外卖，但至少我们不再为此发生频繁的矛盾，这也是进步。

妈妈：是的，尽管不是你所有生活习惯我都赞同，但认识到我们之间的不同是差异，不是差距，没有谁的更好，只有每一代人在当下的环境中做出自己的生活选择。就像你能理解外婆的生活习惯的来源，这也让妈妈非常欣慰。

女儿：一开始肯定不能理解，觉得外婆的观念怎么不能跟着社会时代一起进步。但知道更多你们真实的生活经历后，也觉得很惭愧。时代、环境对一个人认知的塑造和言行的影响是巨大的，我没有经历过你们以前的生活，不能武断地批判。

妈妈：同样，父母也不要觉得比孩子多活几十年，就知道的更多、更正确，实际上不一定。30年代与60年代，60年代与90年代，看上去都只相差30年，但实际上真正相差的远不止这个量级。社会的发展让原有的认知范围和认知方式发生了翻天覆地的变化，有可能前30年你所知道的远远不及最近10年，这个变化是"指数"级的。

我经常把我与外婆他们那一辈比较，在今天看来很正常的事，都不在外婆的认知里，但我认为是我们在进步。同理，我会提高"警惕"，我们不理解你们认知的事，也许是我们在落后。我们不能停留在自己的成长背景中，停留在过去的认知里。我们终究会成为历史，你们才是未来。

女儿：你愿意接受影响，始终保持开放的沟通姿态，这给了我更多的勇气和信心跟你交流更多新的观念，因为你让我相信，即使有几十年的差距，我们还是可以不断走近彼此，而不是渐行渐远。

妈妈：无论在什么年纪，都要保持认知的成长性。父母的可塑性影响着孩子的可塑性，这不仅是一种示范，也是彼此一起前进的方式。有一天，你也会面对下一代，他们会是比你们更新的新新人类，代际距离永远存在。重要的是，要记得彼此靠近。

反思

1. 更新认知是所有人一生的必修课

父母比孩子大几十岁，从一个角度看，是领先了孩子几十年，但从另一个角度看，也是落后了孩子几十年。因为在孩子的人生坐标轴上，父母不是坐标原点，孩子自己才是。当父母不武断地认为自己与孩子的年龄差距是教育孩子的绝对资本时，成长才有可能真正发生。大人更新认知的能力决定了自己教育孩子的能力，更重要的是，会自我成长的父母才能养出会自我成长的孩子，父母的示范作用会在孩子身上呈现出放大镜的效果。父母绝对不是孩子成长的终点，父母自己的认知也绝不能停留在原点，试想，一对静态的父母如何能教育出一个动态的孩子？停留在当下甚至过去的大人如何有底气去引领总是看向前方的孩子？

在宾夕法尼亚大学念书时，有一位教授对我们说："When you stop exploring, your life ends."（当你停止探索的那一刻，生命就此终结。）成熟不代表停止成长，在任何一个年纪，都没有理由故步自封，更新认知是所有人一生的必修课。

2. 认知差异的消除需要双向靠近

外婆在20世纪40年代出生，妈妈在60年代出生，我在90年代出生。我们每一代相差的几十年不仅是年岁上的差异，还有巨大的社会差异，这中间隔着的是中国乃至世界的巨大变化，小到一个家庭的生活方式和水平，大到整个世界格局的变动和社会的进步。这几十年的差异意味着我们经历的是完全不一样的生活、教育和世界。我们不能要求父母一脚跨过几十年，这真的不只是愿不愿意的问题。每个人都是环境的产物，消除认知的差异要克服的是自身环境的局限性，而这并不是一件容易的事。

认知差异的消除，绝不是父母单方面向孩子追赶，而是应该彼此走近，没有谁拥有理所应当的借口。父母靠近孩子，是在接近未来；孩子靠近父母，是在了解历史。更好地理解过去，会帮助我们更好地到达未来。在父母眼中，孩子在身后，在孩子眼中，父母在身后，但其实，只要我们愿意转身，每一步，都是往前的一步。

第十五篇　父母重结果，孩子重过程，矛盾如何化解？

「**女儿说**」这次要讲的是我和妈妈之间的一个故事，这个故事太有代表性，以至于我念研究生时，在青少年发展这门课程的期末论文中把它当作案例分析，还拿了最高分。与此同时，它也是我成长中最有争议的一个故事，说它有争议，是因为我和妈妈至今对这个故事的回顾都带着各自不同的角度，而且这个故事的构成元素不具有普遍性，是我的中学生活刚好和妈妈的工作环境重叠而造成的。但有争议是一件好事，因为争议会刺激个体产生自己的观点，直面不同的观点，从而进行更深的思考。

故事——140分背后的强势与叛逆

我上初二那一年，学校扩展了新校区，妈妈调到了新校区工作。为此，妈妈提出让我申请随她一起转校区。她倒是丝毫没有掩饰她的意图，说我当时的数学成绩明显下滑，初二很关键，再继续这样下去，中考就会很不乐观；又说她在新校区工作，我在老校区读书，两人的作息时间不一致、不方便；还说刚好她也教初二，说干脆就转到她任教的班上就读，这样也方便她可以随时观测我的学习状况。

我自然是不愿意的。我不想离开熟悉的环境去一个陌生的班级,也不想离开班上的好朋友,更重要的是,我万分不想在妈妈的眼皮子底下当学生。于是,妈妈提了一个条件,如果下一次月考没有考进年级前100名,就必须无条件申请转班。真是"天不助我",没想到那一次月考数学很难,原本有优势的英语反而简单。优势没有发挥出来,劣势又被突出,结果掉出了年级前100名,无可奈何的我只得接受这个结果,最后转到了新的班级,当了妈妈的学生。

转班事件是导火索,引爆了叛逆期,我开始了与妈妈的争吵与冷战。那段时间,我始终无法原谅她强势地开出的"不平等条约",又无法反抗,只能以我的方式表达不满:把对她强势的控诉写在纸条上,贴在卫生间的镜子上;或是看到杂志上有批评家长的文章,就故意翻到那一页放在她枕头上,总之想尽办法让她生气。据妈妈回忆,那段时间她也是相当神伤,不知为何一向乖巧的我竟会对这件事有如此大的反应。

后来中考,我考得很好,尤其是数学,在当年中考数学试题特别难的情况下,我考了特高分段——140分以上。那一年全校中考数学成绩在140分之上的学生为数不多,而我竟是其中一个。因为这个,妈妈对她为我做出转班的这个英明决定感到更加骄傲,而"铁证如山"的中考成绩使我也无可辩驳。长大后,数次回忆起这个故事,特别是在论文中当案例分析后,我终于对它有了全面的理解,觉得它是一个讨论教育的有趣案例。

对谈

女儿: 你为什么就觉得我一定会在月考中掉出年级前100名呢?

妈妈: 我只是用这个方法验证了一个你不愿意承认的事实而已。你那时太过自负,即使几次大考都没考好,依然觉得自己的数学没有问题。当你对自己的水平产生了错误的评估时,我必须要用某种方式让你知道。而我对你的分析和判断是做足了功课的,我认真分析了你的大小考试,对比了原来与你水平相当的其他同学,偶尔也出道难题考考你,多种角度都证明你的数学真有问题了。

后来你其实也意识到了这个问题，明明转班对你有很大的好处，你为什么就是不愿意且非常抵触呢？

女儿：因为好处和代价都是你站在你的角度来衡量的。转班会带给我好处，不转班我就会付出代价，而这个衡量标准是学业成绩。可是好处和代价不是只有你这一个角度，对当时的我而言，转班也许会让我提升成绩，可是我要付出的代价是友情和自由。在我的衡量中，代价比好处更大，所以我不愿意。也许我的衡量不如你的衡量看得远，想得全，可是不代表我的衡量标准就应该被忽视，因此我觉得不公平。

妈妈：说得有道理，那如果现在来复盘的话，在转班这件事上，你觉得妈妈可以有更好的处理方式吗？

女儿：当你能够理解当时的我觉得朋友比成绩重要，与其批评我的考量短浅，不如从这个角度入手，或许才能真正说服我。也许你可以跟我说："妈妈知道你很不想离开你的朋友，之后周末可以经常请她们到家里玩，两个校区之间还有很多互动，你们都可以在一起，不会断了联系的，而且，如果不想办法提升数学成绩的话，也许她们都能考到重庆念高中，而你只能在铜梁，那时你可能会错过更多以后能在一起相处的优质时光。"实在不行，你还可以跟我的好朋友聊聊，要知道朋友的劝说总是比父母更有效。

妈妈：嗯，确实，在这件事上我没有花更多精力来思考更好的过程执行方式，你的这些角度是我当时忽略了。

女儿：最后我转了班，成绩上来了，中考也考得不错，从结果上看，确实达到了你当初让我转班的目的。如果把那一次我们之间的较量当作一场"战斗"的话，从方针、策略和结果来看，都是你赢了。可是我依然会觉得在当时、在有关自己的决定上，我没有话语权。我相信这也是很多青春期的孩子和父母之间的普遍矛盾。在你看来，在孩子如何成长这件事上，当父母的意志和孩子的意志相悖，究竟谁的意志更重要呢？

妈妈：说到话语权，还是要看谁更有道理，谁更能说服谁，只不过大人毕竟大多数时候看得更全面。在我们俩的较量中，也不总是"我赢你输"，也有"你赢我输"的时候，尤其是现在，我经常认输，那是因为我觉得你更有道理，眼界和思维更加开阔。因此，在孩子成长的过程中，父母要从帮助他们选择，到教会他们选择，最后逐渐还给他们选择权，当然这个过程中不是"权制"，而是"理制"。

反思

1. 父母的是非观与孩子的选择权

教育研究发现：在面对矛盾时，父母通常关注的角度是事情的是非对错，而孩子则倾向于关注这件事是否尊重了个人选择。这说明在面对同一情况时，父母与孩子选择了完全不同的价值体系来解读，看到的自然是事情的不同侧面。当父母与孩子发生矛盾时，双方就像坐在谈判桌前的谈判者，也许双方的筹码不同，但父母不能看不起孩子的筹码，因为毕竟孩子也是谈判者，而且要解决的还是关于孩子的问题。每当矛盾出现时，如果父母能够抛开先入为主的是非观，理解孩子对于同一件事有自己的角度和看法，和大人不同，尊重这个不同，并倾听孩子的想法，那么这对于平和地开启一场"谈判"，以及最后取得一个共赢的结果是很有帮助的。

2. 结果至上与程序正义

父母究竟应不应该在孩子身上施加自己的意志？这是这个故事的核心问题。为了解构这个问题，我们分别换掉当中的两个词语。

其一，当把"意志"换成"影响"，你的答案是什么？

当父母想要对孩子施加影响时，无外乎两种原因——要么看到了好处，希望孩子得到；要么看到了坏处，希望孩子避免。从这个角度，对孩子完全不施加任何影响，任由他们随机成长的教育方式并不是最佳选择。成长本身就包含了被影响，父母的责任之一本来就是用大人的最佳判断去影响孩子。作为父母，不能把孩子当作野草，任由他们无序生长，盲目遵从孩子当下的需求和偏好，让他们在众多的成长分岔口做不承担后果的随机选择。这样的家长不是所谓自由开明，而是"不作为"。

也许有的父母觉得不应该施加自己的影响，认为这样的教育是威权主义，没有尊重孩子的意志。可凡事不总是只有两个极端，在"威权"父母和"不作为"父母中间还有很大的空间和余地。不用执迷于要当哪一类父母，父母的类型不是由一个词语决定的，而是由当下的具体情境决定的。孩子的每一个成长分岔口都需要一个教育决定，每一个决定都会有一个结果，干预有干预的结果，不干预有不干预的结果，无论如何，父母必须在当时勇敢果断地做出选择，要么选择A，要么选择B。而一旦做出了选择，父母就不必终日不安，怀疑自己是否做了最好的选择。因为没有绝对的最好，只有当下的最好。如果父母看到了更好的方向，就应该尽量引导孩子往正确的方向行进，这是父母的责任，但前提是父母需要一直提高自己担当"引路人"的能力。

其二，当把"施加"换成"强加"，你的答案是什么？

想必大部分父母此时的答案应该是否定的，可是思想上的否定有时在行动上却变成了肯定。父母教育孩子总是带着好的意图，可是好的意图并不能为不好的执行方式买单。"我都是为了你好"和"你长大后就会明白我的苦心"这两句话不仅在当下对孩子完全不起作用，有时候甚至成为父母不努力寻找更好的执行方式的借口。

结果导向的倾向认为只要结果是好的，过程的不足和痛苦就可以被掩盖，换句话说，一个好的结果可以美化不好的过程。但在这里我们想提出一种新的观点——家庭教育里也需要"程序正义"。程序正义又被叫作"看得见的正义"，其源于一句著名的法律格言："正义不仅应得到实现，而且要以人们看得见的方式加以实现。"

教育也应如此。

很多时候，我们的教育都是从终到始——看准了目标，倒推回来决定当下的行为。在这个过程中，很多东西被"牺牲"掉了，包括孩子应该得到的过程公平和合理解释。这里面似乎藏着一个隐形的共识——只要目标正确，结果到位，可以不用去考虑过程是否正确。这好比是教育里出现了"黑盒子"，只要有好的结果，就不用搞清楚教育是怎么回事。可是在教育这件事上，不能有"黑盒子"，教育要以清晰正确的方式传递给孩子，让他们看得见，感受得到，因为我们必须教会他们正确处理问题的方式，并且传递一种信念——要相信正确的过程会产生一个正确的结果。

到达很重要，但如何到达也很重要。

可惜很多时候，家庭教育存在许多模糊甚至看不见的过程，空有一个看似胜利的结果，但孩子会为这个模糊的过程承受很多痛苦，父母其实也同步在承受，就像当初我为了感受到的不公而对妈妈发动冷战，这对我们来说都是一种折磨。

教育不仅要从终到始，也要从始到终。我们不能只关心在哪里结束，还要关心如何开始，有时候，如何开始甚至会决定是否能到达终点。

第十六篇　你真的会安慰孩子吗？

> 「**女儿说**」跟曾老师的那次街头偶遇已经是十年前的事了，但是即使在庞大的学生记忆中，这个故事也占据着非常重要的位置。虽然当时在妈妈的安慰下，我止住了伤心，但那种释怀多少有点勉强。如今又多走过十年的人生，我对它又有了新的理解。如今选择重新讲起这个故事，是希望能从不同的角度去理解为什么这样一件事能给我带来这么久远的影响。更是想站在教育者的角度，去挖掘这个故事里那些对于孩子、对于父母的启示。

故事——彩色的你，灰色的我

小学一二年级我是在小镇上度过的。班主任曾老师是一位年轻漂亮的女老师。小学低年级的小孩从状态上基本上还是幼儿园小朋友，没有完全进入学生的状态，因此跟老师非常亲密，不会有大一点儿后的那种师生间的距离感。

我是曾老师最喜欢的学生，这几乎是全班同学都知道的。我学习成绩好，长得还算讨喜，听话乖巧，尤其在调皮捣蛋的同学的对比下，更是让曾老师省心。对于一个普通的一年级小女孩，爱上这样一个如此宠爱我的漂亮女老师毫不费力。我天天把曾老师挂在嘴边，总是想着从家里给她带点儿什么，像是我爱吃的大白兔奶糖。父母也都明确知道曾老师是我最喜欢的老师，没有人怀疑我们之间的感情。那时,我和曾老师的关系几乎有点像校园版的母女关系,我心安理得甚至颇为得意地享受着这种互相间的宠爱。

念完二年级离开小镇的时候,我因舍不得曾老师在家里大哭,就像现在幼儿园毕业时那些抱着老师的腿哭得不撒手的小朋友。人长大之后很难理解,幼儿园而已,怎么哭得如此撕心裂肺,像生离死别一样。但对于小朋友来说,自己喜欢的老师就像第二个妈妈。

虽然离开了小镇,但一想到曾老师,我都要会感到无比的甜蜜。越来越有学生样的我对后来的老师越来越客气,再也没有跟曾老师一样的师生情。无论什么时候提起最爱的老师这个话题,曾老师就会浮现在脑海中,只要一想起我最爱的老师也最爱我,就总是觉得温暖和得意。我在这种对曾老师的美好记忆中转眼长大。在高中毕业的那个暑假,我和也是一二年级同学的好友们在外面聚会。正在过马路的时候,眼尖的好友指着马路对面的一个人影说:"哎,那不是曾老师吗?"

我顺着方向看过去,只能看见一个身影,因为还隔了一段距离,看不清样子。好友们都雀跃地跑了过去,我却僵住了脚步,不敢往前。不知什么时候我眼里已经噙满了泪水,心开始怦怦跳。

从三年级转走开始算,我跟曾老师已经十年未见。我一直思念着她,渴望着重逢。如今终于在街头偶遇了,我竟不敢上前,生出一种"近乡情怯"的复杂心情。好友们发现我没跟上,回头招呼我,我深吸一口气,慢慢走向曾老师。那几步的路程中,我已经在心中上演了一场电影,那是一场感人的温情重逢。我们待会儿会热情地拥抱、幸福地哭泣,曾老师会拉着我的手像小时候一样带着爱意地对我笑,我们会一起坐下来回忆美好的过往。一想到这些,我整个身体的血液仿佛都幸福地沸腾着,那种战栗的感觉直达指尖。

我来到曾老师面前,这才看清了她的脸,还来不及仔细端详,甚至来不及辨认眼前的人与我记忆中的她有何区别,便几乎是带着无法抑制的哭腔喊了一声:"曾老师!"曾老师转头看着我,一脸迷茫。就那一眼,我心中的火焰瞬间熄灭——她不记得我了。

我没有接着说话，好友看到这个场面，连忙说："曾老师，这是雅月，唐雅月，小时候全班您最喜欢她！"曾老师"哦"了一声，然后客气又疏离地对我笑着："都长大了，好，好。"再无他话。

我看着曾老师的脸，很憔悴。她不再是我记忆中那个彩色的年轻女教师了。来不及心疼岁月在她身上留下的痕迹，因为她对我的陌生和冷漠深深地刺痛了我。我伫立在原地，满腔的话一个字也说不出。

好友们看见这个尴尬的状况，立即接过话头救场，和曾老师拉起家常。他们俩一直在曾老师的班上读到小学毕业，自然更加有话聊。我愣愣地站在一旁，像是电影场景中暗下来的光束下的配角，我已经听不见他们在说什么，巨大的失落感包围了我。我悄悄地别过了头，因为那些噙在眼里的热情的泪水此时显得如此尴尬，我不知如何是好。

还好没说几句，曾老师有事离开了。这场街头偶遇在好友们和曾老师短短的寒暄中潦草地结束了。等到曾老师转身离开，我一直忍在眼眶的泪水终于控制不住地滑落，却不再为它当初待在眼里的理由。我为刚才自己那些兴奋、期待、紧张、害怕的复杂情绪感到不值，这十年的牵挂和期待竟然是一个自作多情的笑话！

你在我的记忆中是彩色的，而我在你的记忆中却是灰色的。

那一天，我难过极了。回到家后，妈妈看见我眼睛红红的样子，问我怎么了。我把经过一五一十地告诉了她，带着愤愤不平的委屈，说着说着又哭了起来。

妈妈看着我伤心的样子，颇为动容，安慰了好一阵，我才平息下来，慢慢让这件事过去。

对谈

女儿：妈妈，你当了三十多年的老师，一般什么样的学生能够在你心中留下印象？

妈妈： 老师教过的学生太多，学生毕业之后变化也很大，说实话，确实记不住。但一般来说，与众不同的、有鲜明特点的学生容易被老师记住，比如，成绩特别好的，个子很高的，字写得特漂亮的，或者是很调皮的，等等。往往最容易被老师遗忘的是"灰色学生"，也就是那些成绩既不是最好也不是最差的，不爱说话，又比较听话，让老师很省心的学生。

女儿： 那我应该不是"灰色学生"呀，曾老师从幼儿园就开始教我，因为很喜欢我，她转岗时才要把我一起带到一年级，所以我一直觉得我在她心中是特别的，她一定记得我。

妈妈： 那时你年龄太小了，十年后偶然再次见面，你的变化太大，在老师记忆里更容易模糊。师生关系其实从来都不是对等的，对老师而言，永远是一对多的记忆；对学生而言，则是一对一的记忆。另外，曾老师这些年的生活发生过一些变故，她曾经失去了一个孩子，丈夫又生病，这对她的打击很大，让她的性格发生了很大的变化。她已不再是你记忆中的年轻姑娘，而是一个家庭的主心骨。

女儿： 那时我并不知道这些，就算知道了，也无法真正理解这对于一个成年人意味着什么。

妈妈： 学生的世界是单纯的，而老师是成人，成人的世界要复杂得多，面临的问题与困难也多得多，学生看到的只是他们作为老师的这一面。那次偶遇让你觉得过去的情感好像变了，但只要你心中记住的是当年的美好情谊，她还是你儿时最爱的老师，你也还是她年轻时最喜欢的小女孩儿，一切也都并没有变。你想到小时候那段时间觉得开心，那就够了。

反思

1. 父母对孩子的有效安慰始于共情

孩子的情感世界非常丰富，饱满的情绪让他们的快乐更加容易，悲伤也更加强烈。当孩子受到情绪围堵时，作为父母，最有效的安慰不是同情，而是共情。什么是共情？在《共情的力量》一书中，作者亚瑟·乔拉米卡利给出了两个关键词，一个是"理解"，另一个是"回应"。共情是一种客观的情绪体验，既能对他人的情绪感同身受，又能对他人情绪进行客观的认知、理解和分析。首先，父母应该尝试做一个优秀的倾听者，鼓励孩子表达自己的情绪，而这需要在家庭中营造出包容、温暖的氛围，如此孩子才会有安全感，才能勇敢表达自己的情绪；不要无视孩子的情绪，或者用一句"这有什么好哭的"轻飘飘地带过，而是应该表示理解，明白他们为什么而难过。其次，用成年人的冷静给孩子更多的信息和视角，辅助他们去理解一件事情背后可能有复杂的原因，不是简单的谁的过错。这样的共情不仅能够有效安慰孩子，也是一种良好的示范，让他们也去做一个可以共情的人。而这，在人际交往中非常重要。

2. 正确看待与他人关系中的期待差异

在人生的每一个阶段，我们都在不断处理与他人的关系。这种关系中有一个非常微妙的敏感地带，就是他人对你的回应跟你的期待不一样。

有时我们对别人的期待很多，别人并没有热情回应；有时别人对我们的期待很多，我们也并不在意。尤其是出现第一种情况的时候，我们常常会觉得很受伤，怪别人没有珍惜我们的真心，辜负了我们的情意。

其实仔细想想，别人并没有义务来完成我们的期待。情感并不是简单的等价交换，更何况每个人对价值的定义是不一样的。当我们过高地估计了和别人的关系时，就会对别人产生不切实际的期待，随之而来的将是期望的落空，一旦期望落空，就会产生巨大的落差感。但其实这一切的起点往往是我们自己无法客观地看待一段关系，对它附加了很多自己的想象，然后把想象当作现实。

我们必须要承认，每个人都有自己的喜好，有自己的生活方式，我们不能要求别人按我们的期待来生活。如果一段关系总是建立在别人对自己期待的回应上，那么这段关系对双方都是一种负担。

成年人会在生活工作中渐渐修正自己的期待，建立起关系中的分寸感，但对于未成年人，这并不是一件容易的事。感情充沛的青少年容易让自己和他人陷入这种困扰中，这时需要有人引导，告诉他们：不要害怕付出真心，但也不要因为别人没有回应而埋怨别人，或是怀疑自己。在付出真心的那一刻，是快乐的，就足够了。因为你的快乐和幸福也许和别人有关，但最终都取决于自己。

成年港湾

CHENGNIAN GANGWAN

有人说，你和母亲的关系决定了你和世界的关系。当你成年真正走进复杂的世界，这一点可能会更加明显。18岁，是法律意义上的成年时刻。作为父母，该为孩子高兴，为他们步入人生的新阶段庆贺，但这并不代表父母从此只能站在路旁，因为18岁离真正成熟还有一段距离。成年意味着独自面对挑战，人生的维度将会渐次展开，世界观也会受到冲击甚至被重塑，这些都对一个人的思维和能力提出了更高的要求，这时就需要父母提供相应的帮助。同时，父母与子女的关系也会面临升级，埋藏已久的心结必须解开，生活的掌舵权需要真正交接，这些问题都不容易，但都很关键。

当孩子真正启程前往人生之海，父母便成为其身后出发的港湾。因为有了港湾，每一艘成年之船都得以有一个稳定的可以休息、充电的地方，以及不管走多远回头就能看见的永远高悬的爱的灯塔。

第十七篇　解铃还须系铃人，母女的心结与和解

> **「女儿说」** 诚然，就跟天下所有的父母与子女一样，我和妈妈的相处也不总是母慈子孝的和谐画面。我们之间当然有过无数矛盾、分歧，甚至"暴风骤雨"的时刻。每一个孩子的成长过程中，总有一些隐痛。它们被埋藏在心底，等待一个合适的时机去消除。这个故事讲述的就是我和妈妈之间的心结以及我们是如何和解的。

故事——没听到的那句"没关系"，变成了多年后的"对不起"

几年前回国时，我和妈妈参加了一场朋友聚会，茶余饭后聊到家庭教育的话题。一个长辈突然问我："雅月，听了很多你和你妈妈之间的故事，从家长的角度，都是你妈妈做得好的地方，那从小到大，你有没有觉得哪些是她作为家长没有做好的地方？"

是的，在许多人眼里，我和妈妈之间的相处是很正面的、积极的。她对我的教育，即使现在从教育专业的角度来看，很多都是合适、有效且有先见之明的。但是，就跟天下所有的父母与子女一样，我们之间也有很多分歧，彼此都曾有过很受伤的时候。

其实我和妈妈之间一直有一个心结，长大之后更明显，但直到去年我才完全发现和了解——每当和妈妈交流时，我有根神经就非常容易被刺激到。一旦

她开始批评我哪里没做好，或者给我提意见，我就很容易失去理性，变得沮丧、情绪化，甚至好斗，完全无法像平时一样跟她正常交流。任何她对我的非正面反馈，都会触发我的这根神经。所以每次遇上这种情况，我们总是不欢而散。

我先生在数次旁观了我和妈妈的交流模式后，常常开导我，帮我分析。在与他数次的交流中，我认真反观了我和妈妈的相处模式，终于发现这个心结背后的原因：在面对高标准、严要求的妈妈时，我内心深处有一种不安，担心自己不够优秀，达不到她的要求；而一旦妈妈对我的表现确实是非正面的反馈，印证了我的担心时，自我保护的本能就会让我反驳她，与她争辩，这种软弱又强硬的矛盾心理让我失去理性，变得情绪化。

为什么一旦她对我有非正面的反馈，即使正常提意见，我都非常敏感呢？因为一直以来，妈妈对我总是严格要求，总是有很高的期待。大到学业表现，小到生活琐事，我的表现总像是在被打分。当我表现好时，我被激励要做得更好，追求卓越；当我做得不好或者失败时，第一时间从她那里得到的大多是批评和随之而来的指点。我很少从她口中听到一句"没关系"，她总是要我更加努力，下次要做好。她不擅长主观地情绪安慰，但很擅长客观地提意见。于是，我很难正常地表达自己的情绪，也很难正常地面对自己的失败，因为任何没有满足妈妈期待的表现都会让她失望。长此以往，我就觉得妈妈不能接受我任何一丝的不优秀。长期在一种害怕达不到她要求的恐惧和一种维持自尊的傲气中，反复自我拉扯与较量，这让我很有挫败感。因此我在面对妈妈时，始终没有办法完全放松下来。

成长中缺少松弛感，我总是处于很紧绷的状态中，总是觉得自己的言行在被周围的人打分，这种紧绷感一直延续到我长大。现在回想起来，这是成长当中的遗憾。

那天被问到这个问题，我将这些埋藏在心中的话讲了出来。之所以愿意讲出来，是因为我已经释怀了。在与先生的多次交流和自我反思中，我渐渐理解了妈妈为什么会这样。妈妈的成长环境非常艰苦，而艰苦会提高人忍受痛苦的阈值；她又是孩子中的老大，很小就承担了大人的角色和责任；加之自己做事的标准又高，于是环境、角色和高标准的多重压力让她失去了关注自己情绪的精力。在妈妈成长的世界里，应付艰难的生活和学习已经占据了全部生活，关注自己的内心感受对妈妈来说是很奢侈的，她没有多余的精力去处理情绪这种东西。进入职场后，打拼全靠自己，不优秀是不被允许的，必须让自己强大起来，不受情绪的干扰。就这样，长年累月，妈妈已经建立起一套自己的处世哲学：情绪是一种懦弱的标志，只有达到目标才是强大。

有了我之后，她只是在执行她一以贯之的哲学。她对我要求很严格，但其实对她自己更是。只不过她没有意识到，我与她不同。我没有在她那样的环境中长大，也有着和她并不相同的性格，我不是她。

长大后的我找到了妈妈和自己言行的来源，在之后遭遇类似的情境时，我变得更加冷静，处理方式也有了很大的进步。时间的力量和多角度的理解总是能慢慢化解与家人之间的矛盾。

那天吃完饭回到家，我正躺在自己房间看书，突然妈妈敲门进来，我刚一抬头，就看见妈妈眼含泪水。她对我说："雅月，对不起，妈妈没有意识到这么多年对你过于严格，让你有这样的感受。今天听了你的心里话，妈妈觉得有些难过，是妈妈没有做好。"

听到这一番话，我内心一阵涌动，那个多年的心结突然就解开了。我抱着妈妈跟她说："妈妈，我今天讲出来其实代表我已经释怀了，你不用感到难过。成长中的遗憾当然是有的，每个孩子都会有，但你这么多年给我的爱让它们并没有成为我成长中的裂痕，我是感激的。"

💬 对谈

妈妈：如果不是听你说出来，我确实没有意识到这个问题。我一直认为是你长大了，有主见了，听不进意见了；一直认为是你的问题，不是我的。那天之后，我明白了，你不接受的不是意见，而是方式，是我忽略了你的情绪和感受。

女儿：其实每当感到沮丧和失望时，我总是希望你能先感受我的情绪，从而得到你的理解和一种情感上的互通。这么多年，有一次你对我的安慰让我记忆尤深。那时我在职场上犯了错，感到沮丧和害怕，不知有何后果。为了安慰开导我，你罕见地谈到了自己20多岁初入职场的一件往事，你说，当时的你和我一样害怕，一样不知所措。"和我一样"，让我在那一刻，感到我们无比贴近。

妈妈：你说得有道理，家长对孩子需要有更频繁、细腻和深刻的同理心。正如你所说，我成长在需要先解决温饱的年代，更多关注的是物质生活。可忘了你不是我，你们成长的年代，物质生活条件变好了，对情感的关注越来越多。

女儿：现在的孩子更是如此，物质生活的富足让他们的成长重点转移到对精神生活的追求和对内心世界的关注上。一方面，这是社会进步的体现，从追求"物质"上升到追求"精神"；另一方面，这也对父母的教育方式提出了更高的要求。因此，关注孩子的内心世界和情感表达在当下的教育里，不再是"锦上添花"，而是"雪中送炭"般的重要。

妈妈：做父母，是需要有与时俱进的学习和反思精神的。有时候父母的一次反思抵得上对孩子的一百次教育。

女儿：不过，这个世界上没有完美的小孩，也没有完美的父母。再积极的人生也不总是"晴天"，总是会有"阴雨天"的时候，成长中有一些遗憾也是正常的。后来我跟三鉴说了这个事，他也很感动。他对我说："世界上没有完美的母亲，可是当她推门走进房间跟你道歉的那一刻，她是完美的。"妈妈，正是你总在反思的习惯，教会了我去反思。你的习惯保护了我，让我长大后可以坦然地去谈论成长中的这些"阴雨天"。

📝 反思

1. 情感是一切心结的答案

很多父母，尤其是我们这一代人的父母，常常认为孩子的感受和情绪是不重要的，他们更在乎教育的结果。意识上不重视，行动上自然不会有对应的教育。即使认识到这是重要的问题，父母似乎还是普遍不擅长处理跟情感相关的教育。一方面觉得坦然谈论情感让人别扭，始终有点回避这个话题；另一方面则是因为交流情感是有难度的，而交流事情比较简单，因此很多家长选择趋易避难，跟孩子总是谈事不谈情感。但容易的不一定是好的，简单的付出或许意味着简单的回报。

父母对其内心世界的关注是孩子最本能的需求，在物质丰富的成长环境中，这种需求更加明显。如果父母的教育方式跟孩子的成长需求没有同步，那么很多遗憾可能就此造成。有时候父母太在意家长的角色，而忽略了在任何关系中，最重要的还是人与人的相处，而在人与人的相处中，情感互通永远是第一位的。

2. 亲密关系也需要边界感

等孩子到了一定的年龄，一般来说是青春期，家长就会觉得孩子跟自己不再亲近了。那是因为当孩子还小的时候，他们会觉得自己跟父母是一体的，这是一种从生理角度和儿时生活体验带来的认知。当他们长大，能够区分跟父母的个体差别时，如果没有良好的情感互通的基础，父母与孩子间的亲密感可能就消失了。

虽然父母是孩子最熟悉的大人，但关系上的亲密不代表能自动获得情感上的亲密。人与人的关系本质上是个体之间的关系，需要彼此努力建立情感通道。父母要学会跟孩子这个个体相处，而不仅仅是去监管他们，教育他们。

有些父母总是苦恼：不知道如何跟孩子相处。但其实父母是知道的。在职场上，甚至面对陌生人，他们总是知道用何种方式处理人际关系，在考虑他者感受的同时也达到自己的目的。可为什么到了自己孩子身上，他们反倒觉得棘手？因为父母习惯性地认为孩子是自己生命的延续，与自己是一体的，从而容易忽略他们的独立人格，模糊与他们的边界，失去了与他者相处时本应有的那份谨慎和考量。

亲密关系容易让人对边界的感知变得迟钝。在任何亲密关系中，即使是最熟悉的父母与子女之间，偶尔也需要有"陌生人"的自觉。没有什么想当然的事，没有无缘无故的感激，只有心里有那条边界，才会彼此郑重对待，互相关怀。

第十八篇　什么样的成人礼能让孩子铭记一生？

「**女儿说**」18岁，是每一个人走向成年的里程碑。那张通往成人世界的门票是每一个小孩从小到大都在盼望的礼物。那时的我对成人的向往中根本没有成人礼这样的场景，然而妈妈却精心策划了一场意料之外的成人礼。那一天，我得到了无数的惊喜，流下了数不清的眼泪，最后带走了满满的勇气和爱。

:-) 故事——意料之外的成人礼：送你一场爱的仪式

2009年8月的某一天，妈妈说中午要一起到太阳宾馆参加一个生日宴，让我不要穿得太随意。我换上一条藏蓝色的连衣裙，将凌乱的头发扎了一个马尾，便急匆匆地赶往太阳宾馆。

在我小时候的记忆中，太阳宾馆是全铜梁最洋气的酒店。在20世纪90年代，太阳宾馆有着一种完全不属于小县城审美的设计。跟那时候大多数房子的方方正正、有棱有角不一样，太阳宾馆整体的外部设计呈弧形，有西式的观景台，还有一个巨大圆形穹顶。在夜色中，穹顶发出耀眼的光芒，熠熠生辉。

我对太阳宾馆一直有着美好的回忆。还在念小学的时候，有一位外国校长到铜梁访校交流，就住在太阳宾馆。就在他即将离开铜梁的前一天晚上，正在家里看电视的我突然接到正在太阳宾馆给外国校长送行的妈妈的电话,让我赶紧到太阳宾馆来一趟,见见那位校长。我迅速穿衣服出门,一路上不断回想着英语书上跟外国人打招呼的句子:

——Hi! How are you?
——Fine, thank you.
——And you?

到了之后,妈妈在众多人寒暄的间隙把我带到外国校长面前,跟他介绍我是她女儿。我很紧张,心怦怦跳,望着眼前金发碧眼的外国人,噼里啪啦地把仅会的英语说了出来,也不知道外国校长听懂了没有。他和善地问我有英文名字没有,我说没有,他表示,要帮我想一个,因为他的小女儿叫 Sarah,让我也叫 Sarah。说完他带着我返回前台要了笔和一张纸,并将这个名字写下来送给我。这就是那天我们之间仅有的简短互动,但我一直到现在都没忘记。因为那是我人生中第一次跟外国人讲话,得到了第一个英文名字。在去太阳宾馆的路上,不知怎么就想起了这段经历。妈妈总是在生活中寻找各种机会带给我新的人生体验,即使是再小的事情。

当我进入宴会厅,抬头看到一张硕大的主题海报。海报上是一个女孩儿穿着拖鞋,戴着墨镜和帽子坐在月亮上。我愣住了——那不是我吗?那是我在海南天涯海角的旅游照,然而地上的石头变成了天上的月亮,海报上还写着"十八而志,'月'飞越高"。再看见在场的宾客都是亲朋好友,我终于确定,今天的主角是我,我要参加的是自己的生日宴。就这样,我在毫不知情的情况下提前拥有了一场意料之外的成人礼。

放到现在,成人礼也许是件非常普通的事,但在 2009 年,还非常新奇。至少在我的生活里,从没参加过或听说过有人举办成人礼。18 岁的生日都是请客吃饭,只是会比平时的生日宴更隆重一些而已。而那一天,在我的成人礼上，吃饭变成了最不重要的事情，妈妈再一次在太阳宾馆给我创造了新的人生体验，只是这一次，我见了更多意想不到的人，说了许多话。我在成人仪式上得到了无数的惊喜，流下了数不清的眼泪，最后带走了满满的勇气和爱。

三位神秘嘉宾

我其实是一个既期待惊喜又害怕惊喜的人，所以当主持人说有三位神秘嘉宾时，我还挺紧张的，因为怕不够惊喜时场面尴尬。但这一次的三个人确实给了我足够意外的感动。

1. 人之初——接生我的医生

当门打开第一位神秘嘉宾出现时，我愣住了，因为我并不认识她。可当主持人介绍她是在妇幼保健院接生我的医生时，我莫名地觉得非常感动。医生阿姨慈眉善目，将一张出生证明递给我。一想到这是将我从妈妈肚子里带到世界上的第一个人，我们之间似乎瞬间建立起一种既遥远却又亲近的关系。她说，即便我们并不认识，但看见我顺利长大，她很开心，妈妈很用心地找到她来出席我的成人礼，也是令她感动的体验，愿我一生平平安安。

我几乎瞬间理解了妈妈的用意：从一个小婴儿健康长到 18 岁，这看似简单的长大，却是父母最大的心愿。这张出生证明宣告了我生命的起点，而将我从妈妈肚子里带到世界上的医生出现在我的成人礼上，见证了我从生命的第一个起点到第二个起点，成长的见证有始有终。

2. 幼时友——儿时最好的伙伴

第二位神秘嘉宾出现时，我瞬间泪奔。在还没搬到铜梁之前，我有一位玩得非常好的朋友，她也姓唐，这个缘分更是增进了我们之间的亲密关系。儿时的伙伴是一个人一生中拥有的最早的朋友。在儿时的伙伴那里，我们获得了世界上最简单的快乐和最纯粹的陪伴，这种情谊是后来的人生再也无法复制的。

但突然有一天，妈妈跟我说，我们要搬走了。我就这样离开了小镇，离开了她，甚至没有告别。那时怎会想到，一旦分开便很难相见，我和她从此失去了联系，这一别竟是十年。那次搬家对我而言，变化的不仅是地理位置，还有人生阶段。我仿佛瞬间就从儿童变成了少年，回头看却什么也看不见，这成了我一直以来的一个遗憾。在成人礼上见到她，像是给了我一次回到过去的机会。和她拥抱时，我像是抱住了儿时的快乐和纯粹的友谊。

除了她，妈妈还邀请了我初中和高中时最好的伙伴和同学。当他们点着蜡烛，推开门，唱着歌慢慢来到我的身边时，我内心充盈的感动无法言喻，因为围绕着我的，是我的整个青春。

3. 少年师——高中时最喜欢的英语老师

第三位神秘嘉宾是我高中的英语老师——吴老师。在高中阶段，我遇到了很多好老师，但最喜欢的是吴老师。在漫长的学生生涯中，大多数老师都在尽职尽责地传递知识，但鲜有老师真正地教我们如何活出自己的人生。而吴老师是一个试图让我们思考"究竟想成为什么样的人"的老师。他很乐意跟我们分享他的青春、他的思想和他的信仰。虽然在60个人的班级里，没有机会和吴老师有很多的单独交流，但他对工作、家庭以及人生的积极态度和乐观精神深深地打动了我，也影响了我。

吴老师带着他标志性的明朗笑容来到我身边，讲起了一件往事：有一年的暑假作业，他给了两个选项，做10张卷子，或者读一本英文书后写一篇读书笔记。开学后，全班只有一个人选择了读书，那个人就是我，这让他很感动。他相信会做这样选择的我，知道学习的真正意义，清楚自己真正要的是什么。

两封承诺书和三个锦囊

在准备正式过生日之前，我和父母分别签订了提前准备好的承诺书。

我的那份：

承诺书

我，唐雅月，承父母18年含辛茹苦养育之恩，于二〇〇九年八月二十三日成人。从今日起，以成年人的思想与理性、责任与奉献，勇敢、坦然、智慧、坚韧地面对人生，开创人生，特立如下承诺：

一·树立正确的人生观、价值观。

二·遵守法纪、坚守道德标准和行为准则。

三·坚持理想、勤奋学习，做一个有益于国家、社会的人。

四·自主、自强、自尊、自爱，有独立人格和责任感。

五·胸怀坦荡、感恩博爱、善待朋友、善待亲人、善待师长、善待自己。

六·健康阳光、乐观向上、勇敢坚韧、理性思考，对自己的行为负责。

特此承诺。

承诺人：
二〇〇九年八月二十三日

父母那份：

承诺书

我们 父：唐明伟 母：潘云芬 爱女唐雅月于二〇〇九年八月二十三日成人。今天，我们以欣慰、感激、骄傲、郑重之情，特向女儿承诺：

一·从今天开始，我们是相互平等的，我们将以成人的方式与你交流、沟通。

二·从今天开始，我们是相互独立的，我们不干涉你的人生追求与自我表达。

三·从今天开始，我们是相互自由的，我们尊重你的独立思考与个性选择。

四·从今天开始，我们是相互包容的，我们将以理性认识理解你的一切。

五·从今天开始，我们是相互友爱的，我们愿以朋友的身份与你共同成长。

父亲：
母亲：
二〇〇九年八月二十三日

我们大声朗读了承诺书上的内容，郑重地签下了姓名，并交给了彼此。除此之外，我还得到了三个锦囊。妈妈告诉我："从今以后，你要开始独立地面对人生了，你会遇到很多事情。当你在顺境的时候，打开第一个锦囊；当你在逆境的时候，打开第二个锦囊；当你在选择人生伴侣的时候，打开第三个锦囊。"后来，我将"逆境锦囊"带去了古巴，它对我而言不仅是一个答案，更是一种令我安心的陪伴。

整场成人礼还有很多用心的设计，如妈妈保存了我在高二时给她发的一条长长的短信。在那条作文式的短信里，我指责他们根本不懂得我的真实感受，给我太大的压力，"控诉"他们对我的爱是不纯粹的，是以成绩为前提的。妈妈保留了这条短信，在成人礼上郑重地回应了我——为他们没有更好地跟我交流，让我感受不到他们的爱而感到抱歉。妈妈认真地跟我说："雅月，爸爸妈妈对你的爱是没有任何条件的，不取决于任何因素，我们爱的从来都只有你，跟其他一切无关。"很多在场的亲朋好友在成人礼结束后过来跟我说："雅月，我们从来没有见过这样一场成人礼，大开眼界，非常感动，你有这样一个妈妈很幸运。"

在收集素材准备写这个故事的时候，我第一次看到了这场活动的执行台本，它让我目瞪口呆。妈妈简直拿出了在学校举办大型活动的标准策划了这场成人礼。是的，被如此用心地爱着，我很幸运。

对谈

女儿：妈妈，当时为什么会想到提前给我办一个成人礼？

妈妈：基于以下两个原因。一是随着你的自我价值观的形成，我们之间的沟通不再是"我说你听"那么简单，而是需要坦诚、深刻的对话。高中阶段，因为学习这个话题，我们之间的关系有点紧张，你甚至误会父母对你的爱与成绩直接关联。我不希望你带着这样的误解长大，所以需要一个场合、一个仪式来化解我们之间的矛盾。二是因为你即将要去古巴留学一年，我知道你会面临更大的困难。而你真正的18岁生日，将会在古巴度过，那时我们却不能在你身边。所以我们想送你一份礼物，当你之后在面对挑战时，能用成人礼上那些满满的关于爱的记忆渡过难关。

女儿：这些环节的设计你有着怎样的心思呢？

妈妈：我最大的心思是，希望你能知道我们爱你，甚至比别的父母对其孩子的爱更用心、更深刻。爱有时也会被遗忘，需要被展示和提醒，所以在你成年之际，我要用一次全面的表达来立体地呈现我们对你的爱，以消除你的怀疑。我希望你知道妈妈一直在关注你，记录你成长过程中的有趣瞬间与变化节点，熟悉你每个阶段的好朋友，也清楚你喜欢的老师，此外，我们之间没有化解的那些矛盾，我也都记在心里。设计不同的环节是为了让你感受到不同的爱，从家人、朋友、老师身上得到爱的力量，让你幸福成长。同时，我希望你能懂得珍惜与感激，因此设计中既有对过去的感恩，更有对未来的期待，"十八而志，'月'飞越高"。

18岁的脚印为你留下，那是对过去的告别，两份承诺书和三个锦囊你已带走，它们伴你走向未来。而今你已30岁，现在回想，当年的成人礼留给你的是怎样的记忆？

女儿：你在那一天帮我整理了我18岁前的人生，将我18岁前的生命中不同阶段的重要的人带到我面前。成人礼对我而言就像一针强心剂，给即将成年的我注入了全新的力量，让我知道无论走向何方，遇到什么困难，这个世界上总有人爱我，相信我，在我身后注视着我。

反思

1. 仪式感让人学会审视人生

我们的生命中大多数时刻是平淡的，只有少数自带的重要时刻，如出生、入学、开始工作等。这些时刻之所以很重要，并不是那一天本身很重要，而是因为它们处于人生中的相对位置上。这些重要时刻就像人生道路上的标志，代表着我们获得了新的身份和角色，拥有了新的权利和责任。

父母应该把握住这样的时刻，甚至应该为孩子创造这样的时刻。因为每一次仪式都是一次宝贵的机会。借此机会，我们可以审视自己的过往，感恩那些见证你生命过程的人，正是他们的存在让这些重要时刻有了意义。同时，借此机会向未来的人生宣告——我们会诚恳地、认真地、充满希望地对待接下来的生活。

人生是不断向前的旅程，可能在这些重要的时刻短暂地停下来，回头看看陪伴的人、走过的路，跟自己做一个郑重的交代，往往会让我们获得继续前行的勇气和决心。

2. 没有第二次机会去建立第一印象

当我们回头看走过的路时，往往会发现，那些改变我们最多的，都是一些有意义的片刻。这些有意义的片刻标记了我们的成长。大多这样的片刻都有一个相同的特质——"第一次体验"。每个第一次体验都有"第一印象"。例如，第一次上学，对孩子来说可谓三大转变融为一体：脑力上的转变（新的学习任务）、社交上的转变（新的朋友）、环境上的转变（新的场所）。这样复杂的转变时刻如果伴随着家长和老师用心营造的氛围，那么就会让第一次面对这些转变的孩子充满信心和期待。

英文里有一句老话："There's no second chance to make the first impression."（没有第二次机会去建立第一印象。）父母抓住每个"第一次体验"，投入精力和时间去为孩子打造难忘的回忆，便能激发其成长的重要力量。

3. 爱的表达让拥有幸福的时间变长

在《小王子》中，狐狸跟小王子说："你定在下午四点钟来，那么到了三点钟，我就开始很高兴。时间越临近，我就越高兴。"当我们感受到爱意时，即使在那些普通的时刻，也会变得更加快乐，拥有幸福的时间会被拉长。那为什么不这样做呢?

每个父母都是深爱孩子的,但并不是所有父母的爱都能被孩子感受到。有时候,是因为我们不会表达爱。有些父母的爱是沉默,是隐忍,是任劳任怨,是来日方长,是期待孩子长大后的幡然醒悟。可是人生不是几个瞬间的感受,而是许多过程体验的累积。错过的时间不会再有,而感受不到爱的遗憾却一直存在。

马尔克斯在给读者的告别信中写道:"如果我知道这是看到你的最后几分钟,我会说'我爱你',而不是傻傻地以为你早已知道。"所以当爱一个人时,用不同的方式让他感受到,是爱的体现,也是爱的责任。此外,能感受到爱的人会更好地去爱别人。

第十九篇　孩子想出国留学，父母该做何抉择？

>「妈妈说」女儿大三时告诉我她想出国读研，这不是件小事，我向熟悉出国留学的朋友打听，了解到很多重要的信息，包括国外安全、回国就业，当然还有留学费用。近百万元的费用，对我们家而言，是难以负担的。但这种感觉竟如此熟悉……

故事——远方隔山海，山海亦可平

20 世纪 60 年代，我出生于云阳山区。那是一个物资匮乏的年代，也是一个教育观念相对落后的年代。我所生活的山区，孩子们普遍只念到小学毕业，上大学几乎是件不可想象的事。尽管我成绩一直都很好，但是周围不断有人劝父亲不要送我读书了——"女孩子读那么多书干吗？迟早都是要嫁人的，是别人家的！"这样的话我从小到大不知听到多少次，父亲面对的压力可想而知。这样的观念在现在可以被轻易地批判，可在那个年代、那个地区，它是普遍的且被大家认可的。在农村，我们家几乎是"异类"。当所有人都在质疑你，告诉你你是错的时，被他们的声音吞没是可想而知的结局。

可是父亲却屏蔽掉外界的声音，毫不动摇，坚持送我读书。为此，他忍受着外界不解的眼光，像一头老黄牛，沉默地、更加努力地劳作，然后把谷子换成我的学费。

我虽然喜欢上学，但看到外界如此强烈地反对，也不忍看到父亲因此受委屈，我动摇了。可父亲批评了我，他告诉我要继续读下去，一定要走出大山，学费他会想办法。我知道读书是去往外面的唯一途径，父亲的坚定更是让我心无杂念，倍加努力。后来考上了县城最好的中学，我很开心，也很伤心。去县城读书意味着我会得到更好的教育，但同时也意味着要花更多的钱，对父亲而言，意味着需要卖更多的谷子，也就意味着需要承受更多的辛苦和更多的不解的眼光，但他都一一承受了。

父亲在地里种的不仅是我的学费，也是我的希望和支撑。他让我一步一步走向外面的世界。终于，我考上了大学，成了恢复高考以来我们山区里出的第一个大学生。放榜那天，公社的喇叭向四面八方宣布了这个消息，以前嘲笑的人又开始羡慕，而父亲依然沉默着。

我终于走出了大山。

我意识到，现在的女儿不就是当年的我吗？我的远方要翻越大山，而她的远方要跨越大海。

于是我告诉女儿："爸爸妈妈在主城给你买了一套小户型的房子，想着你大学毕业之后无论在哪座城市工作，它都能给你一个打拼的基础。家里没有多余的钱，如果你要出国念书，只能把这套房子卖了，但你就没有房子了。你是想要房子，还是想出国念书？"

女儿看着我，坚定地回答："我要出国念书！"

对谈

女儿： 妈妈，当时为何会想到外公？

妈妈： 有似曾相识的感觉。当年的我想去外面的世界，是你外公在我背后坚定地支持我。而今天你要追求你的远方，我又变成你外公当年的角色。不管怎么说，我们的处境比当年外公的好。外公既要面对世俗的眼光，又要辛苦劳作。他都那么坚定，我没有理由犹豫。那时走出大山是我的梦想，希望我走出大山是你外公的梦想；今天出国留学是你的梦想，希望你去往更宽广的世界也是我的梦想。我们三个人，也是三代人，承载了四个梦想，既是延续，更是"升级"，梦想变得更大，远方变得更远。

女儿： 外公没有走出过大山，也没有接受过很好的教育，你觉得他为什么会做出与周围人不同的决定？

妈妈： 遗憾的是，没有机会亲口问你外公了。我猜他与大多数父母一样，"望女成凤"，他理解的"成凤"就是走出大山，高考让他看到了改变我命运的希望。不同的是，外公勤劳、坚韧，身上有一股朴实、坚定的力量，像大地。那个年代虽然艰苦，但他拥有一种积极向上的生活态度；虽然艰难，但他有一种执着奋斗的精神。他身上这种原始的、根深蒂固的美德，于无声处散发出一种不可抗拒的力量，激励着我更努力地学习、更好地做人。

虽然你外公没有走出大山，但他比山里其他人更能感受到"城乡差别"，因为舅舅、姨妈他们都生活在城里。还有很重要的一个人，是在县城中学当校长的二舅，他曾在我家住过一年。那段时间，他教我读写算，给我讲故事，夸我聪明，鼓励我要多读书，以后上大学，去看看外面的世界。二舅在我们家的那一年不仅影响了我，也影响了外公。虽然外公人没走出大山，但他的思想已经走出了大山。真正困住人的永远是心中的大山。

女儿： 那当初为何不直接让我出国念书，而是要给我选择？

妈妈： 你与妈妈当年不同，我们家的情况也与外公家的不同，送你留学的难度也没有当年外公送我上学的难度那么大。我把家里的真实情况告诉你，把两个选择摆出来，一是不希望你背负着我当年对你外公那样的亏欠而特别辛苦；二是我希望你知道你有另外一个相对"轻松"的选择，选择哪一个你都要知道你放弃了什么，将来不要埋怨或后悔。虽然给了你选择，但我心中也知道你的答案。

反思

1. 在孩子心中种下对外面世界的向往

在教育者眼中，最不愿意看到的是孩子身上的局限性。这种局限性不是外在的阻碍，而是思维的闭塞。人与动物的区别是使用工具的能力，而人与人的差别在于思维的差异。这个差异的主要原因在于有些人"见"得太少，"懒"于思考，喜欢就近的答案，拒绝认知以外的见解。这就是为什么我们永远应该鼓励、支持、帮助孩子去"外面的世界"看一看。见过了不一样的人、不一样的生活方式、不一样的思想，终于有了对比，就会开始思考哪些更好，这个过程就是自我校正和自我扩充。见过宽广的人便不会再偏狭，便会有完全不一样的心胸和眼光。他们从世界里看到自己，从此，别人将在他们身上看到世界。

2. 最难翻越的是心中的山

作为父母，给孩子留下精神财富永远比留下物质财富更重要。外在物质可能会随着时间而消耗殆尽，精神财富却会随着时间而积累生长。一个家庭中除了要有柔软的爱，也需要坚硬的风骨，要给孩子一种信念：不是因为看见才相信，而是因为相信才能看见。

1962年，时任美国总统的约翰·肯尼迪在莱斯大学发表了载入史册的演讲——《我们选择登月》。正是这次演讲，掀开了后来波澜壮阔的阿波罗登月计划，其中有一句震撼人心的话："我们选择登月，不是因为它容易，而是因为它困难。"

家长要用自己的勇气去鼓励孩子的勇气，让他们做一些让自己感到困难的事。选择困难是重要的第一步，因为这个世界上最难翻越的是心中的山。

第二十篇　如何为孩子选择人生导师

> **「女儿说」** 在我成长的过程中，有很多过来人曾经告诉我该怎么为人处世，给了我很多建议和启发。其中有几位长辈一直被我当作人生导师，我们之间一直保持着联系。他们是我成长过程中非常关键的引路人，在人生的众多十字路口给了我很重要的建议和启发，避免了我在关键决策上做出不明智的选择。那么，他们给过怎样的重要指导从而改变了我的人生呢？妈妈又是何时开始替我寻觅和选择人生导师的呢？

:-) 故事——醍醐灌顶的选校视角

有了出国念研究生的打算后，妈妈特意引荐我认识了北京的薛阿姨。薛阿姨是资深的教育媒体人，对国外的名校了如指掌，指导过许多学生。薛阿姨偶尔来重庆一次，会见很多人，处理很多事。记得第一次与薛阿姨见面的场景：妈妈带着我紧赶慢赶到重庆江北机场的咖啡厅，趁薛阿姨乘坐的航班起飞前，把我介绍给了她。之后每次薛阿姨来重庆，妈妈总会带我去跟她聊一聊，希望能熟络起来建立感情。记得我第一次主动约薛阿姨单独聊天是在重庆磁器口的咖啡店，那时我对研究生的方向十分迷茫，虽然周围人都觉得教育专业很适合我，可我并不喜欢。父母都是老师的原因，使得我反倒一点儿都不想从事教育行业。这条路太顺理成章了，我不希望跟随父母的脚步，而是希望能追求自己的人生。可是年轻气盛的我空有态度，并不知道真正想做什么，也不知道在我面前有何选择，只是涉世未深的大学生倔强地想保持一种所谓思想独立的姿态。

想必我的幼稚和青涩，压根就没逃出薛阿姨的眼睛。在与她交流时，她耐心地问我："雅月，你再仔细想想，你是真的不喜欢教育吗？还是只是为了与父母不同而刻意告诉自己不喜欢？"我一时语塞。她接着说："你有做教育的天赋，又有父母都是教育者的家庭背景，从小耳濡目染。人要懂得看清自己的优势，发挥自己的长处，顺势而为。"那次聊天让我开始认真审视自己的想法以及想法的来源。我第一次认识到：作为一个成年人，我应该把一个决定放在系统的思考中，而不是凭着虚无缥缈的感觉和头脑发热的冲动。

决定研究生专业方向后，我开始着手准备申请。那时我跟薛阿姨保持着邮件来往，有时会谈到申请的文书怎么写，有时薛阿姨会跟我讲她在国外的见闻。我在这些互动中获得信息，完善对很多事情的认知，了解她如何看待一件事情，学习她的思考问题的方式。

在我的申请名单上，有一所学校对我有着特殊的吸引力。那就是我从美剧中认识的纽约大学。但说实话，我对纽约大学并不了解，也没有去探过校，只不过是因为想去纽约生活，才一心一意地想要去那儿上学。所以当拿到纽约大学的录取通知书后，我高兴疯了，立刻交了押金，压根儿不管后面的学校是否录取。以至于后来被常春藤盟校——宾夕法尼亚大学录取时，我也只是高兴了一下，完全没有改变要去纽约大学的决心。妈妈虽然不懂这些学校的区别，但她觉得择校是一件重要的事情，要特别谨慎，便拜托薛阿姨打电话给我以指导我选择学校。在接到电话之前，我还沉浸在即将要去纽约念书的兴奋中，对我有可能做出了不明智的选择毫不知情。在那通电话中，薛阿姨先祝贺了我，跟我一起分享着拿到名校录取通知书的喜悦，但更重要的是，她对我说："雅月，单纯从学习的角度，两所学校都很好，因为你现在是学生；但还有一些角度可能你现在还看不到，我需要告诉你，因为你不会一直是学生，那就是，常春藤盟校的圈层是不一样的，而圈层是你今后人生里很重要的维度。"

虽然当时不能明白这句话所有的奥义，但这个视角已经足以让我觉得醍醐灌顶。当时的我一下被点醒了，才发现自己没有意识到眼下的决定对我长远的将来极其重要。因为没有这样的意识，对于这样一个决定的重要性认识不足，就没有花时间用最好的认知去做判断。最后，我放弃了已经交纳的押金，选择去了宾夕法尼亚大学。在那里，我度过了极其丰富的硕士生涯，改变了对很多事情的认知，认识了很多厉害的同学和老师，还遇到了我的人生伴侣。之后我每每想起当时择校，都有点冒冷汗。若没有薛阿姨那通电话，我会错过刚刚讲的所有，并且对自己的错过一无所知。其实后来我渐渐明白，真正重要的绝不是两所大学的差别，而是我对"重要的问题"警惕性如此之低，以及只看当下周遭的短视和局限。就像围城，墙内的人不知道墙外的世界，反之亦然，可这都不是最可怕的，最要命的是你看不见这面墙的存在。

工作后，我和薛阿姨一直保持着亦师亦友的关系。我们两个美食爱好者，吃过重庆大大小小的菜馆，品尝过各式各样的咖啡和甜点。在美食的陪伴中，我们交换了彼此对很多事情的看法，从做教育的体会，到如何看待爱情、婚姻，以及对待人生的态度，常常一聊就是好几小时，意犹未尽。

在我的人生中，像薛阿姨这样的人生导师有几位，不多，但也不需要多。有的时候我会问一些问题，但更多时候，我只是默默聆听他们的语言、注视着他们的行为，因为我知道，我听见的、看见的都是答案。

对谈

妈妈： 看到这些叔叔阿姨带给你的人生影响，特别是看到你能意识到这一点儿，我很高兴，很欣慰。

女儿： 那你是刻意让我接触他们的吗？从什么时候开始，你觉得需要这样做了？

妈妈： 对，我是有意引荐的。因为父母不可能陪孩子一辈子，孩子也不可能依赖父母一辈子,而我希望你成长的每一个阶段都有良师益友。当你进入青春期后,更有自己的想法,有时候不愿意跟我们讲,但我希望你能找到可信任的人进行交流,尤其是随着成长,你知道的东西越来越多,思考的问题越来越深,有些事情妈妈也无法指导了,便开始有意识地让你接触一些能够拔高你的叔叔阿姨。虽说是我有意引荐,但这也是双向选择,如果你没有积极学习的态度,没有与他们对话的资本,没有不断提高自己的觉悟,他们也不会一直愿意指点你。

女儿: 那你是以什么样的标准为我选择人生导师的呢?

妈妈: 能让妈妈佩服的人。无论是思维或是视野,这些人都很不一样,他们走过世界,有丰富的人生阅历。虽然你生活在重庆,可我希望你的认识不止于这座城市,所以我需要让你接触拥有重庆之外见识的人。当你想要走向世界时,我需要先把"世界级"的认知带给你。父母的认知是孩子的第一个窗口,但也可能是第一道屏障,不能让父母的局限性限制了孩子。所以当我无法指导你的时候,就需要寻找可以做到的人。

女儿: 这一点儿我现在特别有感触,也特别感激。在我的成长过程中,有这样的人生导师,一直在给予我忠告,赋予我新知,我何其幸运。其实跟他们相处时,即便没有问什么具体的问题,只是坐在那里听他们聊天,就是一种极好的学习。听他们讲自己的人生故事,分享如何在关键时刻做选择,有什么经验,有什么遗憾,甚至只是听听他们在谈论什么、关注什么、有什么样的看法,都会把我从当下的局限性中拉出来,使我获得更宽广的视野。

反思

1. 教育需要第三双眼睛

亲情让家人变得亲密,可亲密有时也会成为羁绊,让情理难以分开,视角难以客观,这给教育和交流都带来了一定的难度。当孩子的独立人格形成之后,他们就不会再轻易地听从父母的意见。这时就需要第三双眼睛,这双眼睛的第一个特点就是客观。中国古代一直有易子而教的理念，脱离情感的干扰，没有过多的顾虑，第三双眼睛可以看到家长因情感因素而忽略的孩子的优点和不足，孩子也会因为脱离了被管束的身份而回归到理性的对话状态。

这双眼睛的第二个特点就是开阔。父母无法永远陪在孩子身边，也总有自己的局限性，所以孩子需要在更广博的天地间向更多的人学习，透过别人的眼睛看到不一样的世界。人生的道路虽然漫长，但紧要处常常只有几步，特别是当人年轻的时候。青少年时期是一个人思想、人格形成的关键时期。这一时期他们开始思考一些重要的人生问题，而这些问题需要被在乎、被解答，若能得到一番点拨，他们的人生或许有完全不一样的展开方式。

2. 选择被正确的人影响比影响本身更重要

每个人都会犯错，我们可以从错误中学习，但并不是每一个认识都需要通过犯错才能得到。以身试错并不应该被盲目鼓励，尤其是那些单纯为了追求冒险和个性而犯的错，那不是酷，而是无知。犯错是有代价的——时间、精力、挫败感以及不能重来一遍的人生。因此，在别人的帮助下获得更多认识，用别人的经验来帮助自己做出更明智的选择，本身就是更明智的选择。他人的提醒，最终是为了自省。

想要走得更远，必须认识要远。好的人生导师教给我们的不仅有学识，还有认识。认识什么是重要的问题。正确的思考方式是一种把视角拉高拉远的能力，是一种保持审慎自省的习惯。如果在年轻的时候接受过这样的人的指点，会懂得辨别，知道什么是好的影响，谁是好的老师。选择被正确的人影响比影响本身更重要。

第二十一篇　走得出困境的孩子，将得到一副精神盔甲

> 「**女儿说**」在我迄今为止 30 年的人生中，如果要挑选出一年，作为对我塑造最大的代表年，那就是我去古巴做交换生的那一年。那一年，我从 17 岁跨入 18 岁，刚上大学，第一次出国，去古巴做交换生……在距离中国半个地球之外的陌生的热带岛国，我都遇到了怎样的困境？这段时光又给我的人生留下了怎样的印记？

故事 ——我在古巴成年：所有经历都是美好，哪怕有时是痛苦

我真正成年，是在古巴。

进大学时我 17 岁，学校给西班牙语系大一新生提供了去古巴公派留学的机会，为期一年，开学不用到学校报道，直接飞往古巴。其实，西班牙语系的学生在大三还会有一次去西班牙当交换生的机会，大部分学生都会选择后者，一是因为大三时已有不错的语言水平，交流更方便；二是因为相比古巴，西班牙显然是个知名度更高的发达国家。然而，17 岁的我有着不一样的想法：大学生活开始，就要开始在一个与众不同的国家。我想要一种不一样的人生体验！而且在我心中，西班牙以后总有机会去的，可是去古巴这样的机会也许一

生只有一次，我不能错过。

就这样，在2009年的夏天，带着许多的兴奋和期待，以及一丝丝害怕，17岁的我坐上了飞往古巴的飞机。这是我第一次出国，就去到了距离中国半个地球之外的热带岛国。

作为一个在20世纪90年代出生的中国小孩，我几乎没有受过生活上的苦。去古巴之后，我经常开玩笑说："我这一辈子生活的苦大概都在古巴受尽了。"

古巴非常缺水。到那儿之后才发现，24小时候有热水供应只是美好的幻想。每天有水的时间加起来平均只有两三小时，几天不来水也是家常便饭，热水更是很难遇见，我几乎洗了一年的冷水澡。我们每天最重要的事就是趁有水的时候赶紧洗澡、洗衣服、冲厕所，然后拿着空饮水机桶去接水备用。来水的时间并不固定，有时一小时，更多的时候一次只来几十分钟甚至几分钟，关键是根本不知道一天之中什么时候来水，要是错过了，就只能紧巴巴地靠之前蓄的生活用水度日。

古巴食物短缺。我们用餐都在指定的食堂，没有任何其他选择，且每一餐几乎都是一样的：一块肉、一些生白菜、一片面包、一碗鹰嘴豆汤。用餐环境极其恶劣，每次都是一手吃饭，一手赶苍蝇。绿色蔬菜在古巴是最稀缺的食材，学校食堂从来没有提供过。由于饮食非常不均衡，我在古巴的那一年严重缺乏维生素，出国时的一头乌黑长发，回国时全都枯黄了，加上高强度紫外线晒得整个人皮肤黝黑。父母在机场接到我时和我抱头痛哭，说我像个难民。

古巴天气极其炎热干燥。古巴是典型的热带气候，每天都是大太阳，全年温度都很高，天天都如同盛夏的重庆。就这样的天气，我们寝室的空调却在中途坏了。找了各种人，用尽各种办法，都无济于事，学校工人说维修的部件要从中国进口，大概需要三个月的时间——于是，在古巴的最后几个月，我们在没有空调的13人寝室里与古巴的热度斗争。那几个月，我经常在半夜被热醒，浑身汗水，被子都是湿的，觉得特别凄凉、无助。

最要命的是，古巴几乎没有网络。学校为我们单独开通的网络，只能勉强用QQ聊天。校区是封闭的，网络是封闭的，在几乎与世隔绝的世界，孤独是永恒的主题。那种单调和无聊会蚕食所有积极的人生追求，我必须去处理大量的空闲时间，和自己相处，思考人生的意义，这对于刚满18岁的我来说，非常艰难。我在无数个难眠的夜晚不解地追问自己：我究竟为什么要来受这种苦？

为什么？

说实话，18岁的我在当时也没有答案，整天盼着逃离古巴，回到中国。而如今30岁的我终于可以回答那个在黑暗中哭泣的女孩：因为所有经历都是美好，哪怕有时是痛苦。

在古巴的每一天，我都觉得自己在受苦。可离开十几年之后，那些皮肉之苦早已烟消云散，留下来的是那段经历赋予我的人生厚度。

我在古巴学会了在痛苦中寻找乐趣，笑看人生的AB面。前面提到我们的寝室空调坏了，为了通风透气，房门必须一直打开。而这样无奈的做法居然带来一个意想不到的天大的好处——方便储存水。由于整层楼只有我们寝室的门一直开着，所以每当水一来，我们寝室的人总是最先听到水声。通常等别的寝室反应过来时，水已经停了，可我们寝室的那么多个饮水机桶都已经装满了水，为此，我们总是窃喜不已。

我在古巴生长出了勇气和坚持，去面对突如其来的各种生活难题。学业结束后，同学们相约去旅游，我们选择了古巴的两个岛，计划各待几天，找了首都哈瓦那的旅行社安排食宿交通。结果——当第一个岛的行程结束后，旅行社完全忘记了我们，没有人接我们去赶飞机。我们三个女生在酒店大堂一直从天亮等到天黑，其间打旅行社电话一问三不知，没有人负责，酒店也不让我们继续留宿。我们就这样被遗弃在加勒比海的一个小岛上，飞机是赶不上了，下一趟旅途被毁，更糟糕的是，小岛离哈瓦那500多千米，根本没有办法回学校，同行的姐妹早已被吓哭。后来我们一直坚持给旅行社打电话打到半夜，终于有人派了一辆大巴车把我们接回首都哈瓦那。坐了8个小时的大巴车,在天亮时我们回到了哈瓦那的旅行社办公室。

我们几个忍着极度疲惫,在旅行社据理力争,要求他们赔偿我们被耽误的旅行费和精神损失费。同样被耽误的其他留学生选择放弃索赔,早早回了学校,而我们几个不肯放弃,坚决要维护自己的合法权益,从此开始了和旅行社漫长的"拉锯战"。我们每个周末顶着40℃的天气一趟一趟地跑,找了无数人,写了无数份事情经过报告,打了无数个电话,跟不同的人用西班牙语沟通。妈妈知道后,劝我算了,说2000块钱而已,不值得这么辛苦。可是对我而言,那不仅是2000块,而是一种尊严和自我权益。差不多两个月后,我们最终成功地从旅行社要到了赔偿,除了本就损失的旅行费,还争取到了每人20红(约人民币140元)的精神损失费。说实话,这可能是最少的精神损失费,但为自己的利益而争取,这种胜利的喜悦是无价的。后来在遇到各种困境时,这种意志无数次地保护了我。

我在古巴这个国度认识到了完全不一样的生活方式和人生态度。古巴物资非常匮乏,生活条件艰苦,但古巴人民十分乐观。他们血液里有着如同阳光一样的热情,听到歌就要起舞。每一个有太阳的日子都值得他们大笑。有一次周末,和认识的一位古巴朋友出去玩,下山的时候路过一个小酒馆,他突然停住了,我问怎么了,他说小酒馆放的这首歌很好听,要停下来好好欣赏。记得我们的开学典礼是在加勒比海旁边的一所小白房礼堂里举行的,当时的教务长坦诚地跟我们说:"古巴物资比较匮乏,也许有的条件你们觉得不如意,但已经是我们能给的最好的了。"随后,一位古巴当地的吉他手现场弹奏了一首古巴民谣,在清朗的音乐声中,学长们为我们朗诵了食指的《相信未来》:

当蜘蛛网无情地查封了我的炉台
当灰烬的余烟叹息着贫困的悲哀
我依然固执地铺平失望的灰烬

用美丽的雪花写下：相信未来

　　　当我的紫葡萄化为深秋的露水
　　　当我的鲜花依偎在别人的情怀
　　　我依然固执地用凝霜的枯藤
　　在凄凉的大地上写下：相信未来

　　　我要用手指那涌向天边的排浪
　　　我要用手掌那托起太阳的大海
　　　摇曳着曙光那支温暖漂亮的笔杆
　　　用孩子的笔体写下：相信未来

　　　　我之所以坚定地相信未来
　　　　是我相信未来人们的眼睛
　　　　她有拨开历史风尘的睫毛
　　　　她有看透岁月篇章的瞳孔

　　　不管人们对于我们腐烂的皮肉
　　　那些迷途的惆怅、失败的苦痛
　　　是寄予感动的热泪、深切的同情
　　还是给以轻蔑的微笑、辛辣的嘲讽……

　　　我坚信人们对于我们的脊骨
　　那无数次地探索、迷途、失败和成功
　　一定会给予热情、客观、公正的评定
　　　是的，我焦急地等待着他们的评定

> 朋友，坚定地相信未来吧
>
> 相信不屈不挠的努力
>
> 相信战胜死亡的年轻
>
> 相信未来、热爱生命

我坐在白色的礼堂里，窗外是碧绿如玉的加勒比海，我听见了海风和海鸟的声音……这个画面永远鲜活地存在于我的脑海里。我在古巴人身上看到最重要的就是这样的态度——在受限的环境中也要过出一种无限的人生。正是这些18岁时不懂得的意义消解了这段经历的苦楚，留下的只有对它的感激。

对谈

女儿：那时我还未成年，大学校门都还没踏进，就选择去古巴当交换生，这样的决定也有点冒险。对于我这个想法，你们当时是怎么考虑的？

妈妈：我能感觉到，你是那么迫不及待地想成为一个大人，过一种新的生活。妈妈也有过17岁，了解那种感受。年轻时总是有着对远方的向往，有远离父母独自生活的渴望，有在大学重生的梦想，就像一场必经的精神出征。因此我并不想阻止你去进行人生的战斗，而且毕竟只有一年，就算吃苦也是有终点的。而且对一个要上大学的你而言，我更看重的不是学知识，而是经历和见识。古巴这一年的经历是可贵的，那是对语言、文化、环境和艰苦的立体体验，会影响你的一生，自然会塑造一个与众不同的你。

女儿：那一年，我们没办法实时交流，你只能通过偶尔的QQ聊天和看我写的日志来了解我在地球另一端的生活。我很好奇你看到了怎样的我？

妈妈：我就是在那时学会用QQ的，因为要与你交流，了解你在那边的情况。刚开始的时候，我和你一样是很兴奋的，看着你发的照片，惊喜于古巴的气候与大自然的美丽，隔着屏幕也能感受到你初到异国的新鲜和快乐。但随即知道生活条件异常艰苦，看到孩子受苦，我相信任何一个母亲都会心疼，你不知道那一年我流了多少眼泪。你在古巴的成长已经不需要我去描述了，这个故事已经充分体现。你问我看到了怎样的你，其实我的体会很复杂。从你去古巴开始，我便意识到，从此之后，妈妈也许永远只能当你人生的旁观者了。你的人生战场终究只能自己面对，虽然心疼，但也知道有些苦只能自己承受。但更欣慰的是，你最终还是成了一个斗士。从古巴回来，你18岁，是个真正的成年人了，你会越来越独立，也会面临更多的人生挑战，妈妈的角色会更多地转变成为你助力加油的旁观者。如今十多年过去了，回头再看古巴的经历，你如何看待它对你之后人生产生的影响？

女儿：当离那段时间越远，就越能体会它对于我的意义。几乎与世隔绝的环境重塑了我对待时间的方式，我学会了与自己相处，与孤独共存。古巴的生活颠覆了我对生活的想象，让我重新去认识这个世界是如此不同，而古巴人民身上的乐观拓宽了我对人生的理解。那一年是一场有终点的考验，无论多么辛苦，最终还是走到了终点，那种坚持锻炼了我的韧性。时光会流逝，记忆会模糊，但这段经历一直留在我的心中。在人生很多瞬间，只要想起那一年，总是为自己骄傲，就能生出更多勇气和信心继续走下去。

反思

1. 年轻时的经历决定了人生半径的长度

一个人17~25岁的经历，很大程度上决定了他会成为什么样的人，拥有什么样的生活。年轻时走的路径是在画圆，而不是一条直线。任何方向的尝试都是人生半径的增长，每多一种经历，人生半径就长一些，而人生界面则瞬间增大。年轻人最需要的是保持开放的态度，接受外界的影响，修正对绝对的定义，挑战对正确的认知。年轻就是用来测试边界的，因为年轻最大的资本就是一无所有，没有什么可失去的，所有的经历都是得到。正因如此，父母最需要做的就是帮助刚成年的孩子拓宽视野，使他们在丰富的经历中看到千百种人生和多面的世界。然而经历的意义和价值常常是后知后觉的，这就给父母提出了更高的要求,那就是作为孩子的引路者,必须目光长远,要能够站在未来去看待当下。

2. 山无处不在,我们都还在山脚下

为什么每个人都希望心中永远住着一个少年?那是因为年少时,总是对远方有一种生生不息的欲望,对未来有一份一往无前的坚决,对未知有一股纵身一跃的勇气。我们总是渴望去经历,因为人类有探索的本能。刘慈欣有一部短篇科幻小说《山》,文中的对话给我印象极深:"登山是智慧生物的一个本性,他们都想站得更高些看得更远些,这并不是生存的需要。比如你,如果为了生存就会远远逃离这山,可你却登上来了。进化赋予智慧文明登高的欲望是有更深的原因的,这原因是什么我们还不知道。山无处不在,我们都还在山脚下。"

人类有今天的文明,是无数次登上山顶的结果,更是愿意承认每个山顶都是新的山脚的结果。每个人都有当探索者的基因,我们要保留它,保护它,召唤它,这样,无论走了多远,心中都永远有起点。

第二十二篇　远洋留学，是镀金谎言还是蜕变成蝶？

「**女儿说**」相较于在古巴的奇特经历，在美国读硕士的两年其实才能算是我真正意义上的留学体验。虽然没有像在古巴那样生活上的困难，但是在美国的留学生活却依然非常艰难。如何学会省钱？如何通过严苛的学业考验？如何真正理解父母的辛苦和爱？回首在美国留学的两年，我和妈妈都认为那段时光对我产生了巨大的积极影响，使我飞速成长，可以说没有那两年的锤炼，如今的我会失去一半的光彩。

故事——我在美国蜕变：当本性让你顺流而下，你要勇敢地逆流而上

记得还在古巴的时候，周末经常和朋友们漫步在哈瓦那老城。站在海滨大道上，我望着面前一望无际的加勒比海，和同伴打趣道：要不我们从这儿游到美国去？或许这是最快逃离古巴的办法。古巴离中国有13000多千米，但离美国最近的陆地——佛罗里达州基韦斯特岛只有90英里[①]。

这地理上最近的两个国家却相隔着这世界上最远的距离。古巴在20世纪三四十年代曾是美国的"后花园"，是美国人的度假胜地，我们居住的校区就是由当年美国人在古巴建的海边度假区改造而成的。后来因为政治原因，从

---
① 1英里 ≈ 1.609千米。

1962年起，美国便开始了对古巴的封锁，双方断绝了一切正常往来。那时在海边开玩笑的我，压根儿没有想到，三年后，玩笑成真了，我真的到了美国念书。古巴的夏天骄阳似火，费城的冬天漫天大雪，这两段经历也像冰与火一样交织在我的生命里，勾勒出了不同的人生底色。

1. 大人就是自己为自己兜底的人

到美国的第一天，房间里除了一张床，一套桌椅，什么都没有。刚坐了十几个小时飞机的我晕头转向，累极了，连箱子都来不及整理，拿出浴巾垫在床上睡了一整晚。第二天早上醒来，我晕头晕脑地刚出房门准备下楼洗漱，不知怎么随手一关，门就锁上了，怎么都打不开。我在房子里上上下下转了一圈，试图找个人帮忙，结果一个人都没有。我看着身上的睡衣和手里的杯子、牙刷，完全蒙圈。再次返回三楼，我仔细打量着周围的环境，发现楼道的窗户通向一个露天平台，我爬了出去，发现我房间的窗户是开着的，勉强伸手进去在书桌上摸到了手机，心里一喜，想着有救了！立即给房东打电话求救，结果祸不单行，偏偏房东那天在很远的地方办事，短时间赶不回来。刚燃起一点儿希望的我再次陷入绝望：天啊！总不能第一天我就穿着睡衣蓬头垢面地去学校参加新生培训吧？

哭笑不得的我站在露台上，望着房间窗户的位置，脑海中开始冒出一个大胆的念头——徒手从三楼露台连接的窗户翻进房间！

我仔细观察着眼前的环境：窗户开的空间不大，露天平台到窗户一半的位置就结束了，另一半是悬空的，我只有一半施力的空间，要是脚一滑或者手一软，直接就会从三楼平台掉下去。然而那一刻，我心里只有两个顾虑：其一，邻居要是看到，会不会把我当小偷报警抓我，我可不想第一天就进警察局；其二，要是真掉下去了，救护车来救我，医药费我可付不起呀，我还没来得及买学生保险呢！

时间一分一秒过去，再不做决定就要迟到了。最后我心一横，小心翼翼踩着一半的露台，双手用力一撑，从不大的窗户惊险地滑了进去，但我的右小腿被沿着窗户边的尖锐金属刮了一整条长长的伤口。进去之后也来不及处理，我赶紧换上衣服抓起书包就往学校跑。培训持续了一整天，满脑袋过载的信息，带着一大堆的表格和一堆待做事项回到简陋的房间，我坐在依然铺着一条浴巾的床上，看着小腿上的伤，想起早上的经历，才突然对自己的鲁莽感到后怕，忍不住哭了起来，边哭边给小腿的伤口抹了点止疼药膏，觉得到美国的第一天太倒霉了。

就这样，从第一天开始，生活以一个下马威的方式清楚地告诉我，从今以后，在这里我只能靠自己了。来美国之前，即便已经成年，我更多的身份还只是一个学生，拥有的烦恼只是学生的烦恼，面对的困难只是学生的困难。就算在古巴的时候，困难也是客观的、单一的，我需要做的只是忍受。可是来到美国后，困难像是会变身的魔术师，在生活的舞台上，以各种出其不意的方式出现在我面前，而不变的是，我是唯一的"观众"。

为考试准备到半夜三点，回家发现马桶坏了，心里骂了一千次不负责任的室友也还得硬着头皮自己去修；狡猾的房东想要多收房租，一向不愿意跟人起争执的我，也得气势十足地跟他吵架；放假回国时会选择凌晨 4 点出发，绕道迪拜转机飞三十个小时的航班，为了节约钱。再也没有人会在饭点叫你吃饭，外边的盒饭吃多了也会想要吃新鲜温热的正经饭菜，我就是在美国留学期间学会做饭的。做一顿饭也许并不复杂，可当一日三餐都变成自己的责任时，才知道处理这些生活琐事极其费神。有一日在图书馆待到很晚，回家后发现家里漆黑一片，我在黑暗中坐在楼梯上休息，肚子却咕咕叫了起来，我累得虚脱，连哭的力气都没有，却还要起身做饭解决温饱问题。那一刻，我突然就理解了父母的辛苦。我做自己一个人的饭都常常觉得疲惫不堪，而父母却一日三餐做了二十年。责任啊，就是不断消化生活里所有的细碎烦恼，吞咽生活里所有的疲惫情绪，岁岁年年。

在美国留学的那两年，生活终于无情又宽容地向我展开了它的全部，我看到的不再是生活的侧切面，我也不再是一个家庭里孩子角色的延伸，而是一个独立完整的大人。从那时起，我才明白，大人就是自己为自己兜底的人。

2. 当本性想让你顺流而下，你要勇敢地逆流而上

在美国的第一个学期很不适应。作为留学生，开始时都会面临同一个挑战——如何参与课堂讨论？在美国大学的任何一门课，课堂讨论都占了很大的比重，课堂表现又占了学业表现的很大比重。美国的课堂教学并不是单向输入，而是在教授的引导下，在大家的讨论中，去理解知识，形成观点，整个课堂可以说是一场多人大型对话。作为留学生，阻碍我们积极参与课堂讨论的有三个常见的原因。一是经历。在我们过往受教育的经历中，老师在课堂中占很大的比重，学生以听为主，知识比观点重要，输入比输出频繁，并没有太多发表自己观点的课堂训练。二是语言。语言表达的不顺畅是参与讨论的一个巨大障碍，在本地学生的侃侃而谈中，留学生更是羞于开口。三是心理。能到常春藤盟校念书的学生经常会有完美学生的负担，担心英语表达不够流畅、观点不够新颖独特，总是希望能想出一个完美答案再回答。现实常常是等我们打磨好了语言，想出了观点，讨论却已进行到下一个话题，而我们又会重复这个过程，直到一节课过去了，一次发言都没有。

第一学期，我过得相当艰难，处处都不顺利。开学第一节课，教授就跟我们说要开始准备毕业论文了，而那时，我连文献检索都不会。选的第一门我导师的课，就是以12个人的小型研讨会的形式开展的，每节课每个人的课堂表现清晰可见，其他同学全是美国本地人，还是博士，只有我一个国际生，还是个硕士，我常常觉得自愧不如，大受打击。

这并不是我人生第一次遇到困境，却是第一次遇到困境时，周围连一起"吐槽"的人都没有。那年寒假，我进行了一番深刻的反思，将第一学期的经历全部复盘，给自己定下了一个非常简单的目标——下学期，每节课至少发一次言。

为了完成这个目标，即便一开始觉得非常别扭，我还是硬着头皮豁出去，先举手，先开口，不再去管英语用词是否高级、观点是否独特。就这样，这小小的一步带来了巨大的改变，因为早早发了言，完成了自己定下的目标，我的心理负担减轻了，而老师和同学对我观点的肯定给了我信心，结果往往每节课都不只发一次言。在第二学期，因为这个小小的改变，我对课堂参与的恐惧渐渐消失了，取而代之的是越来越轻松的心态和越来越放松的表现。从此，课堂发言不再只是完成自己定下的目标，而真正变成了学习的自然方式。

硕士毕业后，我曾犹豫过是否继续念博士。如何评估这个决定是否适合我？我认为没有比真实体验一段博士生活更好的方式了。于是没有任何研究经验的我，鼓足勇气找到其中一门课的教授，忐忑不安地提出希望能在她手下当研究助理跟着她的团队一起工作一段时间，教授欣然答应了。她告诉我，因为我在她的课上表现得很积极，令她印象深刻，所以她相信我的工作热情和能力。于是，我顺利进入教授的研究队伍，和她手下的博士生一起做研究，开组会，写报告。经过那段时间的真实体验，我放弃了读博这个念头，因为它并不适合我。

其实，做出改变是很困难的。不发言是容易的，不参加活动是容易的，不找教授交流是容易的，随意地做决定是容易的，这种容易背后，我却感觉到一种潜藏的危险。

对谈

女儿：古巴留学一年，我过得艰苦，你也饱尝思念之苦，那对我去美国留学你还是会担心吗？

妈妈：有了古巴的留学经历，我想你在世界任何地方都能生存，因此并没有过多生活上的担心。儿行千里母担忧，要说一点儿都不担忧是假的，但你的状态打消了我大部分的担忧。在美国这两年，你一直处于非常积极的状态，即使面对不好的情况，你也能辩证地看待，积极地应对，就这一点，妈妈十分放心。

女儿：在美国的时候，我们之间的交流很多，你在那些交流中感受到了什么？

妈妈：我们俩每次视频基本上都有两小时，我们聊教育、聊你的学习、你的生活、你的感悟、你的思考，每次聊天，妈妈都记了很多笔记，每次聊完我都很兴奋，觉得你天天在成长，我也天天在改变。那两年，不仅是看着你成长，更像是我们在共同成长，好像我也跟着你一起在上学一样。2014年暑假，我和爸爸到美国看你，见证了你如何在一个陌生的国家生活、学习。你安排了旅行的路线和一切活动，带着我们走你上学走的路，去你学习的图书馆和经常吃饭的餐馆。你还带我们去参观美国的不同城市，那时候你常常在前面拿着地图找路，耐心回答我们的每一个问题。我和爸爸跟在你身后，觉得很奇妙。小时候是我们带你出去看世界，现在换成了你带我们看世界，我们好像变成了小孩儿。那一次看着你的背影，觉得你真的长大了，很欣慰。世界所有的爱都以聚合为目的，唯有父母对子女的爱体现在分离。父母往往都是看着孩子的背影，难舍地让他们远行，但孩子越独立，父母才越放心。

那回首在美国的留学经历，你觉得与古巴有什么不同呢？

女儿：两种挑战的性质是完全不一样的。古巴的经历训练的是我的韧性，就像是踏上一列开在单一轨道上的火车，轨道很破烂，过程很颠簸，但你知道只要忍过去就会到达终点。而在美国的经历更像是一个背包客在森林，没有人会告诉你沿着某一条路就可以到终点，甚至没有一个准确的终点。勇敢地成为开路者，是唯一的出路。如果说古巴的经历像是一道选择题，总有一个正确答案，那在美国的经历更像一个开放性问题，你必须找到自己的答案。

反思

1. 承担责任是长大唯一的方式

对多数孩子而言，成年并不意味着长大。因为只要还在父母的庇佑下，生活永远只会展开单一的纬度，连困难也是单一的。真正的长大是能够勇敢面对完全展开的真实生活，成为自己生活的第一责任人。直面人生难题，勇敢解答，不论结果好坏，都不回避，学会接受，这就是承担责任。作为父母，总是忍不住向孩子伸出援手，减少他们过程的辛苦，增加他们成功的概率。这无可厚非，但值得考量。比如，帮助什么事情，帮助到什么程度、什么阶段。无差别的帮助只会减缓孩子成长的速度。

一般来说，一段被迫存在的距离让父母的援手伸不过去，孩子可能会更早地长大成人。正是父母伸不过去的手，有时却成为在背后真正帮助孩子成长的手。作为家长，牵起孩子的手是本能，但是愿意放手也是真正的爱。

2. 当本性让你顺流而下，你要勇敢地逆流而上

在人生的河流里，顺流而下是最简单的选择，因为它最不费力，而选择不费力的事是人的本性。人常常会随着本性生活，因为跟随本性是容易的，反抗本性是困难的。然而当一个人偏执地把本性看作不可更改的性质，那么人生的局限性也会就此种下。因为本性是动态的，人生就是要不断通过新的旅程、新的经历、新的学习将旧的本性更新、扩大。当本性让你顺流而下，你要勇敢地逆流而上。不要顺从容易的诱惑，不要听信本性的谎言。一旦失去逆流而上的意志，便再也没有改变人生方向的可能。本性不是你天生的性质，而是在大浪淘尽人生后，你留下的性质。不是本性选择了我们，是我们选择了本性。

第二十三篇　朋友的力量，有时候比父母还大

「女儿说」迄今为止，在古巴当交换生的一年依然是我人生中最奇特的经历。在这个充满异域风情的国家发生了很多奇异的事情，后来它们都成为我人生的谈资，自己觉得好玩，别人也觉得新奇。可是，即便沉淀为人生阅历，在经历那段时间的当下，依然是很痛苦的。那一年，在17岁的我的脑海中，有着各种奇奇怪怪的问题，心中充满了难以排解的苦闷。远在千里之外的父母无法帮我。庆幸的是，我可爱的朋友保护了我，给予了我莫大的鼓励和慰藉。友情真的这么神奇吗？

:-) 故事——两个17岁的"酸苹果"

在鲜少使用的QQ邮箱里，有一批邮件沉睡在箱底，也收藏在我心底。时不时地，我会翻出来从头到尾一字不落地重读一遍，每次都读得鼻头一酸，思绪翻涌，像被扔进了回忆的大海，每一封信的每一个字都在"推波助澜"，一点一点将我推回十三年前的加勒比海岸。

2009年，网络已经很普及，QQ是主流的社交软件，人人网开始兴起。作为刚刚从高考中脱身的准大学生，我的同学们热火朝天地在社交网络上交朋友，而我却在半个地球之外的热带岛国古巴开始艰苦的第一次留学生活，心如冰窖。古巴不能自由上网，而在我们这个留学生校区，学校仁慈地留了一些可

用的插线网口。如果能"打败"早已在古巴扎稳脚跟的"狡猾"学姐，在清晨或深夜的自习室里抢到一个没坏的网口的话，大概能上 QQ 看到三天前朋友发的消息，当然网速也特别差。

就这样，在古巴近一年的时间里，无论是真实世界还是网络世界，我都几乎被隔绝了。

这很要命。

因为我才 17 岁，是个多愁善感的浅薄少女，是个刚开始对人生充满向往的大学生，刚想要去看看这个世界有多么精彩，却被当头一棒，发现这个世界是如此糟糕。我的精神世界在这个被遗弃的天涯海角几乎被完全摧毁了，那段时间我第一次被"人生的意义是什么？"这个终极问题折磨得死去活来。

庆幸的是，我可爱的朋友保护了我，那些珍贵的信给了我很多鼓励，维持着我的活力与希望。这些信都来自同一个朋友，他是我的小学同学，初中时和我同校，高中时又和我的初中好友同班。其实我们的交情并不算深，他比较沉默，我也不太外向，一直都算不上好朋友，但彼此欣赏。他写得一手漂亮的字，非常聪明，最重要的是没有个别青春期男生的那种"讨嫌"。本来我们这样浅薄的交情是完全没有理由进行这么多邮件交流的，但在北京准备坐飞机去古巴的前一天，我临时起意去北大找了他，我们坐在未名湖畔聊了好久好久的天，好像一下缩短了好几年没有互动的距离，然后好像变成好朋友了。我是一个渴望与好友交付自己内心世界的人，几乎我所有的好朋友都是从一次推心置腹的聊天中得到的，只要对方能够有一次接住了，信任就建立了。

就这样，等我到了古巴安顿下来，我开始给他写信，讲述我的生活，倾诉我的痛苦，急切地向他提问。这些信或短或长，时间不定。每一封他都会回复，回信时间不定，内容也或短或长。

【邮件节选】
突然开了头不知道说什么。

成年港湾

海地发生地震了，想必你是知道的，可是古巴离海地那么近，也许你并不知道，因为连我都不知道。爸爸妈妈很担心我，那一刻，突然有一种害怕，如果，千千万万的不想之后，如果只有一个如果，那个震源移动一点儿，是哈瓦那，那么结局会是怎样。呵呵，开个小小的玩笑。这几天，看了很多关于海底地震的新闻报道，真的看得我很痛苦，世界上有千千万万种生活状态，上帝却总在那种最悲惨的生活上雪上加霜。看着看着总是泪湿眼眶，不知是悲天悯悯还是想到自己还是那么幸福。最近总是有一种开始接触接受残酷现实的感觉，好像原来的生活都是模模糊糊的，好像那些都不是真实的生活。好像海地的悲惨，身在这儿的孤独才是生活的真实。

我想回家。别说我，因为真的是无法抑制。这种特别想回家的感觉总是像海潮一样一波一波地涌上心头，向我袭来。冬天过去了，也许这也是我这段时间产生这种感觉的起因。

过来这么久后，我已经对这边艰苦的条件都失去了抱怨的力气，总是苦笑苦笑再加苦笑。最痛苦还是心，还是思念最难熬，那种就真的是像一点一点地深入你的骨髓，到最后不是想不想家，而是程度上的深和浅，或者是那种深得让人无法忍受的时刻时不时地发作。我在想，所谓心的强大是这样经过很多痛苦才能练就的，就是无数次能抵抗那样的时刻。从毕业以来，一直为自己依旧停在重庆读大学感到不满足，可是现在不了，记得我在未名湖跟你说的吗？我现在想要脱离家了，想要向外了。现在不了，我现在太渴望家的温暖，太渴望自己熟悉的环境，我需要一种归属感，那才能让我踏实。我知道我以上所有的话里的改变都是源于我在这儿的生活，或许回去后我又会改变。我其实不是很喜欢这种经常改变的感觉，因为会觉得自己没有坚定的东西，我不喜欢漂浮着。

自己现在就像一朵蒲公英，很孤独地随风在海上飘摇，寻找着自己能落脚的大地。我只是希望着能先有属于自己的一个小小的但很坚固的角落，然后让我继续好好地生长。

每次跟你写信，总是想笔触轻快活泼一点儿，给你讲点轻松开心的事，可是一提笔，又是上面的这些话，但是这边的生活真的没有温暖的事给你讲，而且我会有无处诉说的憋屈，你说过你是很好的倾听者，于是，我相信了你的话。可是，你不知道我也想当你的听众，我想汲取你生活中的温暖，你不会吝啬语言吧！

你现在应该在靠近家的地方，你告诉我珍惜这里的阳光，我告诉你珍惜与家人一起感受温暖如阳光的时光。

回信：

我是真的很理解你，因为像我这么铁石心肠的人，高中时一个学期不回家还不带一点儿想念的人，在放假的那几天居然非常地想要回家。其他的理由都太冗杂，懒得说了，光是一张可以让我陷下去的床，一个松软的枕头和两条厚实的被子就可以让我为回家的念头激动不已啊。作为一个女生，还是一个未成年的女生，真的是太委屈你了。有什么办法呢，忍吧，如果我的信能短暂地为你驱除几分钟的寂寞，我尽量写得频繁一些吧。总有一天这些会结束的，而且你知道这一天不远了，忍吧。

说一个我真实的感受吧，虽然这一次我史无前例地想家了，但我并不觉得身在北京海淀与身在重庆大学城对我有多么大的影响，地理上的距离无论乘以十还是乘以一百我都觉得无所谓，如果仅仅是因为乘车回家所需要的时间增加了，就把这称作是思乡的话，那我拒绝这种说法。

放假前就有一个同学说，等考完了好好过几天人过的日子，到处走一走，玩一玩。其实当时我就知道这个想法是不现实的，因为在这座城市我没有归属感。我记得考完后的第二天吧，我们就沿着北大外的一条路往下走，可我越走心越慌，那些高到不可思议的大厦，错综复杂的人行天桥，从城市中横穿而过的火车,都让我感到越来越寂寞。我觉得我不属于这座城市,回去的路上,我就跟一个同学说我将来还是想要回重庆找工作。他有些嘲笑的意思,没关系,因为他感受不到这座城市带给我的冷。

这不代表我的人生态度哈,我只是太容易触景生情。也许没跟你说过吧,我仗着学校很大,一直都宅在学校里,这学期还真没出过几次学校。

在对待人生的问题上,我选择"坐井观天"(这个词请望文生义,我表达的是字面意思)。我觉得这个态度和你的"蒲公英的梦想"是异曲同工的,我们都只想要一个坚固的角落。因为,我已经习惯了觉得自己很渺小,而这个世界太大太杂,我没法一下接受全部,所以我只截取一片小小的天空。我以前不是说过吗,计划得太多你会觉得很累的,这些分内的计划已经让我觉得很累了。

其实没有什么温暖的事,只有一些囧事。

每次我去吃晚饭的时候,我都发现那条路上的人是单数。看得懂这句话吗?因为我是一个人,形单影只的,所以这条路上的人是单数,悲哀。

好吧,还有一件开心的事,就是在北京看了3D的《阿凡达》。关于这部电影我做不出什么专业的评价,我只能说我佩服得五体投地,又是一部把人感动得"掏心掏肺"的《泰坦尼克号》,或许更感动呢。其实看这部电影之前我觉得最大的败笔就是电影的女主角,我一直没想通,这么宏大的制作,几亿美元的投资,而且又是用电脑模拟,想要模拟出多么美丽的女主角不行呢,非要做得这么丑,真配不上这部电影。

然后这部电影毫不留情地、狠狠地扇了我一个耳光,看到一半我就觉得妮特丽摄人心魄了,对,就是摄人心魄,以至于后来的每个镜头我都希望有她的出现(不要鄙视我啊,爱美之心,人皆有之)。我想这种效果真的需要14年才能做出来吧,普通的美貌过目即忘,而真正的气质美,无以言表。

就这样，在 2009—2010 年，在一个社交网络已经相当发达的年代，我们隔着半个地球，隔着时差，隔着完全不同步的大学生活，却奇怪地保持了一种非常老式的"笔友"关系。在这些往来的信中还有一个难以理解的互动，那就是我给他写的每一封信的末尾都会请他给我发一篇经典古文，比如《爱莲说》《项脊轩志》《归去来兮辞》《滕王阁序》《道德经》《祭十二郎文》等。他每次在邮件的结尾都会附上我上次要求的那篇古文，并给我做好注解，顺便再发表一下他对这篇古文的理解。我已经完全忘记了当时为什么会有这个奇怪的要求，但这些古文穿插在两个十七八岁少年的书信中，怪异、荒诞却又和谐，像是为这种过时的互动打上了独特的标记，像是我躁动不安、失落彷徨、不知要开往何方的少年之船的心锚。

在这些信中，我毫无保留地对他展示了我所有的痛苦和忧伤，我迫切地追问，而他也不厌其烦地回答了我的所有问题，以坦白自己内心世界的方式来回应我对他的坦然交付。今天的我看着这些书信，感动和温暖充满了我的内心。以今天的我来看，少年的笔触是拙劣的，连一个句子都写不清楚；少年的烦恼是浅薄的，离真正重要的问题差十万八千里；少年的眼界是狭窄的，我们不仅只看到了世界的一角，也只看到了自己的一角，误把自己的想象当成真理。可是，这些年少和年少自带的无知并不是错误，更不需要被鄙视和纠正。就像一棵在生长的苹果树，当果实尚未成熟时，必然酸得要死，等咬了一口会发现这还不是苹果最好的时候。可是对苹果来说，这些都不重要，重要的是真实。青苹果必然酸，果农会说，没关系，再长长就好了，长成熟了就好了。可是对青苹果来说，这些酸是浸润到身体里的味道，是整个世界的味道。那时的我就是一个青苹果，孤独地长在一棵树上，突然，另一个青苹果对我说：嘿！我也是一个酸酸的青苹果。

我很幸运，非常感恩。谢谢他没有轻视和忽略我年少无知时所有难以理解、难以消化的痛苦，谢谢他用真心和耐心陪我度过了那一段难熬的岁月，谢谢他与我交换彼此青涩的成长经历。这些信将是我永远珍贵的宝贝，将 17 岁的我和我的友谊永久封存。

对谈

妈妈：这一段故事当时妈妈并不知道，今天听了之后非常感动，也非常感谢这位我也认识的你的朋友。他的邮件给了你很多安慰和鼓励，有着独属于你们的青春语言和方式，让你勇敢度过在古巴的生活。这就是朋友的力量！

女儿：是的，朋友在我生命中是很重要的精神力量的源泉。就像初高中时的肖筱，她是我能够安然度过青春期的一个很关键的角色。

妈妈：父母无法总是陪伴在孩子身边，了解一切情况，解决一切问题。更何况大了之后，你也不愿意什么都跟我们讲。但妈妈肯定希望你的烦恼有人倾听，有人排解，不希望你感到孤独。所以，在你的青春期，肖筱的出现不仅让你快乐，也让我安心。在你最需要朋友解惑的阶段，她真的开解了你很多。

女儿：其实你对我朋友和我们友情的尊重，也让我很感动。回想起来，你总是支持我和朋友们一起出去玩，理解我为什么喜欢他们。最难得的是，你会在他们遇到困难的时候主动帮助他们，无论是初中、高中还是成年以后，像是对我一样对他们。

妈妈：一方面，那是因为妈妈很感谢她，她让你体会到友情的快乐，给了你很多帮助和鼓励，做到了妈妈无法做到的事情；另一方面，也是因为妈妈很欣赏她，肖筱很聪明通透，有着你们那个年纪难得的一种智慧，也是把她当作另外一个女儿对待吧。

女儿：那你是怎样判断我的朋友是否值得结交的呢？

妈妈：我会通过你跟我如何聊起她来判断，当然有机会的话，能亲自认识你的朋友最好。初中都在一个学校嘛，有时候跟你班级的老师了解你的情况的时候，也会问一下他们对肖筱的看法，了解不同的人对同一个人的看法会得到更准确的信息。印象最深的一次是，你跟我说，初中毕业考上了主城的学校，肖筱妈妈的朋友曾问肖筱妈妈："你高中把肖筱送到主城念高中，不怕城里的孩子把她带坏吗？"肖筱妈妈回答道："从来都只有我女儿把别人带好，没有别人把我女儿带坏的事。"我当时听完你讲这个事，第一非常放心，第二非常佩服。肖筱妈妈的这份笃定，对女儿的了解和信任，让我坚定这个女孩是值得你结交的好朋友，她的妈妈也是值得我结交的好母亲。

女儿：有些父母对待孩子交朋友这件事的方式比较简单粗暴，就一个标准——成绩好。你怎么看这个问题？

妈妈："近朱者赤，近墨者黑。"绝大多数父母会认为成绩好的孩子其他方面也好，是想给孩子找一个榜样，尤其是很多父母出生长大在那个文凭为重的时代。但是成绩好只是一种单一的结果。有的成绩好的学生极端、偏激，或者只是会刷题，不会学习，那么这种成绩好并不是值得赞扬的品质。成绩好不一定代表是值得结交的好朋友，反之亦然。交朋友交的是特质，不是结果。孩子真正的朋友一定是性格、品德、思维等能对孩子产生积极影响的，如果一味地用成绩去评判孩子的朋友，往往适得其反。

女儿：从孩子的角度来看，如果父母老是在树立一个榜样朋友，会让自己感到自卑。一是觉得在父母眼中成绩是唯一的评判标准，成绩以外其他的优点都不重要；二是认为在父母眼中，别人家的小孩永远比自己好，自己再怎么努力都得不到父母的认可。

妈妈：对！父母在教导孩子交朋友的时候千万不要局限在单一标准中，对一个人全方位的影响需要靠不同的朋友来共同完成，因为不同的朋友有不同的特质。在指导孩子交朋友的过程中，要强调朋友身上具体的某方面的优秀品质，不同的朋友有不同的品质，多与孩子讨论，让他们总结不同朋友身上的优点，从而让孩子学会多角度看待人与事。例如，有的孩子乐观，有的孩子勇敢，有的孩子执着，有的孩子有冒险精神，等等。希望家长意识到，所有有良好品质的孩子都值得结交。

反思

君子不镜于水而镜于人。

——《墨子》

1. 人格的"营养均衡"靠朋友完成

学前儿童表达观点时一般会用"妈妈说",说明在这个阶段妈妈的影响很大,孩子觉得妈妈是无所不知的。上了小学后表达观点时用词会变成"老师说",说明在这个阶段老师的话更管用。到了中学后表达观点时会讲"同学说",说明在这个阶段同龄人的影响很大。等这些阶段过后,会形成完整的"自我"观点。因此,在学生时代,在价值观和独立意识开始形成之际,结交好朋友就显得特别重要。结交好朋友的第一步是要会识别好朋友,那好朋友的标准是什么?面对这个问题,家长容易被孩子的学生身份困住,认为成绩是第一准则。成绩好的同学值得结交,成绩不好的则不应来往,甚至逼着孩子与成绩差的朋友"绝交"。这种强行"断交"往往让家庭关系紧张,也只会使孩子间的友情更加牢固。

比起强行干预,更重要的是要教会孩子:交朋友要看深层的特质而不是看表面的结果。成绩也许是评价学生的常用标准,但用来评价一个人是远远不够的。用成绩好坏来决定是否要让孩子结交是极不可取的。更重要的是,一个人完整人格的形成其实就是身边人的一个集合,"营养均衡"的人格需要不同的品质组成,只接受一种类型的影响,容易造成人格的缺失,成为偏激而片面的人。试想一下,长期"营养不良",孩子会长成怎样的大人?

2. 交朋友不要功利心,要真心

交朋友当然需要缘分,需要运气,但这种缘分和运气通常也会有一个起点,那就是孩子的生活越多面化,交到好朋友的概率就越大。所以,培养孩子的多种兴趣可以打开认识新朋友的大门,才有可能碰到不同纬度的人,增加遇见优质朋友的概率。

而找到这样的人之后,想要孩子能真正与之成为朋友,靠的不是简单的一句"要跟某某多在一起玩"。朋友关系的核心在于共同语言和互相给予。这些的基础是共同的兴趣或者共同的体验,父母要做的是尽量为孩子提供这样深度互动的机会和土壤,而不是生硬地进行朋友匹配。因为友情的基石是真心,孩子的本能让他们知道交朋友靠的是真诚,而成为大人的父母有时或许会忘记。

第二十四篇　从爱情到婚姻，校长妈妈如何为女儿护航？

「女儿说」结婚时，我对父母说："今天，我们从两个家庭的孩子，变成了新家庭的大人。"这是一份成长的宣言，也是一种注定的告别。结婚，让我从物理距离上远离了妈妈，但从情感距离上更靠近了她。婚姻，是理解亲情的另外一个重要视角。这个视角会打开一扇门，一扇可以窥见父母内心最隐秘情感的门，那里藏着一份深沉绵长的爱。在婚礼上，母亲亲口念出的一封信让全场陷入眼泪的海洋，这是怎样的一封信呢？从恋爱到结婚，这一路妈妈又是怎样用心地在为我保驾护航？

故事——当你有了爱人，我依然是最爱你的人

我和我先生陈三鉴是在宾夕法尼亚大学念书时认识的，那时我教育硕士在读，他计算机博士在读。恋爱一段时间后，我跟妈妈在电话里说起了他，没想到她的第一反应是："雅月，你一个人在外，妈妈不在你身边，对人对事的判断要多一份心思，要会多角度考量。他比你大5岁，又比你先到美国，对他说的话你一定要多想一想。清华本科，宾夕法尼亚大学计算机博士，这些学历都还不一定是真的，你还小，又很善良，不要被人骗了……"

我在电话这头听着她连珠炮一样的怀疑和追问，哭笑不得。后来经过无数

次充满细节的聊天，她终于打消了他是个骗子的念头。妈妈说她一定要来美国亲自见一见我描述中的男朋友。2015年的暑假，妈妈来到美国，终于有了一次亲自考察三鉴的机会，而且她还带上了非常关心和喜欢我的杜叔叔和薛阿姨，三人组成了一个亲友团。那一次行程辗转于纽约、波士顿、费城等不同的城市。妈妈跟我商量让三鉴全程充当司机、翻译和助手，让亲友团有更多的维度观察和考验他。后来妈妈告诉我，一开始知道三鉴是理科生，担心他不能与我精神契合，但在相处过程中，她观察到很多细节。其一，细心。旅行出发前，三鉴会在后备箱放上一整箱水，并查看好路线与交通状况。其二，聪明健谈。路途中三鉴总能够找话题聊天，不时透露与我交往中的趣事，讲述我们外出玩耍遇到麻烦与困难时是怎样解决的，更准确地说他是怎样解决的。谈吐间也讲了我的娇气与任性，以及他是怎么看待的，从而智慧地表达出他对我的喜欢与包容。其三，沉稳。旅行过程中的一些突发事件，三鉴都能沉稳应对，机智处理。在朝夕相处的两个星期中，妈妈渐渐地认可了他，终于认为我找到了一个理想的伴侣。

在返回国之前，妈妈还特意安排了与三鉴的两场私人谈话。第一场是由一起出行的杜叔叔与三鉴进行的一场所谓男人之间的谈话。妈妈后来告诉我，本来这场谈话应该由我爸爸来完成，但遗憾的是那一次我爸爸因为工作并未能一起到美国，于是她便提前拜托了既是了解我、指导我的人生导师，也是家庭好友的杜叔叔代替爸爸来进行这一场重要谈话，目的是要让三鉴明白一个男人应该承担起的责任，对我的责任，对家庭的责任。

第二场谈话是我妈妈在回国的前一晚与三鉴进行的。后来我了解到，那次谈话的主题是我，妈妈讲了我的优点，更讲了我的不足。她说："三鉴，现在你们在谈恋爱，你看到的都是雅月的优点。我的女儿我很了解，她是在褒扬中长大的孩子，很自信也很有主见，但有时候也很任性，脾气很固执。但她也是一个善良纯真的孩子，只要你对她是真心的，她一定会付出真心；另外，你比她大这么多，而且独立在外生活这么多年，比她更成熟，要多包容体谅。如果你爱她，就要看到全部的真实的她。如果在今后，你能改变她的缺点，当然很好。两个人在一起，要能彼此拔高，共同进步。但如果你不能改变她的缺点，你是不是做好了准备，要一辈子包容那个全部的真实的她？她的精神追求很高，我一直很担心她找不到一个能与她精神契合的人，看到你们能有很多精神上的共鸣，阿姨很放心，也很欣慰。雅月是一本书，希望你用一生去读。"

多年后，三鉴回忆起那场谈话时告诉我，他参加过很多大大小小的面试，但那天晚上的谈话是他参加过的最紧张的一次面试，最在意的一次面试，也是最重要的一次面试。在谈话过程中，在每一句交流的背后，他都被妈妈对我深刻的了解和深沉的爱而深深打动。

2017年，我结束在国内的工作，决定去美国与三鉴团聚，终结两年的异国恋。在那之前，我们已经决定安定下来成家。当我跟妈妈第一次说起要领结婚证时，不知为何，一向认可这段感情的她一反常态，提出反对，认为相处时间还不够长，我还太小，没做好准备，结婚太仓促，总之就是她不同意。我跟她激烈地争吵，认为结婚是我自己的事情，她怎么可以干涉？而且她也认可了三鉴，为何最后又出言反对？可是无论我怎么劝说，她都坚持己见，不肯退让。我觉得生气又委屈，无法理解她的行为，认为这又是一次她对我生活的武断干涉。于是我赌气跑出门，郁闷至极，跟好友边哭边抱怨了一整个下午。

晚上回到家，看见爸妈都坐在沙发上，我内心激烈斗争着：要不要过去再和他们主动交流一下？毕竟也不想我的婚姻是不受爸妈祝福的。可是下午已经吵翻了脸，很难主动打破这个僵局，先开口那我不就认输了吗？从门口到客厅不过两三米，那一刻，我却觉得遥远得难以迈过，正当我心里踟蹰、脚步犹豫时，妈妈开口了："雅月，在结婚这件事上，你们就按照自己的想法吧，我们不干涉。"

我难以置信地看着她，这是下午坚决反对的妈妈吗？发生什么了？

她接着说："下午你出门后，我和你爸爸去公园里散步，进行了一番反思，最后发现，在结婚这件事上，没做好准备的不是你，而是我们。不是你太小，也不是三鉴不好，而是对我和你爸爸来说，你将离开我们的家庭，不再只是我们的女儿，而这件事总是难以接受的。所以，无论你什么时候提出来结婚，也许我们永远都不会做好准备。可是，这个时刻总会到来的，我们要学会面对和接受。"

2017年6月29日，爸妈送我到江北机场，因为是第二天清晨的航班，我们留宿在机场附近的酒店，我和妈妈睡一间房。我躺在床上，心绪翻涌，既有对过去两年的留恋与不舍，也有对未来人生的期待与不安。新的角色，新的生活，与恋人的团聚，与家人的分离，所有一切都在拉扯着我，脑海中思考着太多太多的事，心里翻江倒海，难以入睡。

妈妈就睡在我旁边，我们很久没有睡在一张床上了。那天晚上，我以为会有一场临走前的母女促膝长谈，给我婚姻的忠告，或是诉说离别前的不舍，但妈妈只是反复问我该带的东西都带齐了没，叮嘱明天在飞机上要穿多点、吃好点，并无他话。我松了口气，但又有些失落。当我在床上默默等天亮时，我听见她在我身后不断翻身，一夜未睡的我知道，她也彻夜未眠。

我知道，她明白这一次，我飞往美国跟以往任何一次都不一样了。虽然在国内工作的两年，寒暑假我都会去美国，可妈妈知道我最终还是会回来的，我在她身边。只有这一次，离别有了不同的意义，我不仅是离开重庆，也离开了她。

我经常会想起那个夜晚，妈妈在想什么呢？也许她想起了我才出生的时候，因为顺产不顺利，临时转为剖宫产，才把小小的我安然无恙地带到了世上；也许她想起了我10岁生日时的那次惊险事故，让她反思自己这个母亲是不是当得太严厉；也许她想起了17岁的我第一次离家远行，在半个地球外的古巴留学的那一年，她在家里流的眼泪；也许她想起了我23岁时带他们到美国旅行的那个暑假，他们坐在我经常吃饭的餐馆对着熟练点菜的我说，"我们的女儿好像真的长大了"。

我不知道那个夜晚是什么回忆让她辗转反侧，但我知道，她舍不得我。

成年港湾

四年前，我在国内完成了婚礼。

在婚礼上，我得到很多至亲好友的暖心祝福，但最让人动容的是妈妈对我们的婚礼致辞，至今每每回忆起我都泪湿眼眶。我想，在2017年6月29日那个未眠的夜晚，她没能对我说出口的话，也许都在那天的祝福中了。今天，让这婚礼致辞代替我和妈妈来讲述这本书的最后一个故事。

在这个故事里，没有对话，也没有讨论，因为爱，不证自明。

【婚礼致辞】

三鉴、雅月：

今天是你们结婚的喜庆日子，人生最重要的大事，作为父母，我们很高兴，它意味着你们将开启人生新的阶段，我们又完成了一件重要的历史任务。但此刻的我，有些难过，因为雅月与我们一起生活了26年的"家"，从此，就被叫作"娘家"了，多一个字就意味着少了很多在一起，我很难过。

记得雅月小时候曾经很认真地问过我："妈妈，你为什么不给我生一个哥哥？"有一天我突然觉得有些愧疚，因为妈妈不仅没有给你留下哥哥，也没能给你弟弟、妹妹。有一天，当父母老去之后，我担心你会孤单。所以，我一直希望你的人生伴侣能够像哥哥一样疼爱你，保护你，今天我们的愿望实现了。在这里，我要特别感谢我的亲家，他们培养了一个有才华、懂得爱、聪明而通透的好孩子。三鉴，今天我们把雅月放心地交给你，我们相信你能带给她幸福，也相信雅月一定能回馈你温暖！

作为父母，在儿女成家的时候，总是有许多话想对你们说。首先，我想送给你们一个礼物，这里面装着三样东西。一支笔，一个笔记本。我出生在偏远而落后的山区，是笔与本子给了我知识与力量，让我考上了大学，走出了大山。工作之后，从管理一个班级到管理一所学校，成就我的仍然是笔与本子，它们记录了我的学习与反思，成就了今天的我，还记录了雅月与我共同成长的经历。今天我把它们交给你们，希望它们传承一种精神、一种方法。还有一张银行卡,里面是你们成家的启动资金,希望你们在它的后面不断增加它的位数,不然它迟早会空的。

其次,给你们一个忠告。从另一个角度讲,此刻,忠告是一种最好的祝福。希望你们真正理解"家"这个字的内涵。你们在美国领结婚证的时候,我们六个人第一次聚在一起,雅月给我们建了一个寓意双关的微信群名,叫"美家"。"美家"已珍藏了很多美好的回忆,我们都很喜欢,而且越来越喜欢,因为这个家会越来越大,越来越快乐!

与家对应的英文单词有三个——house,family 和 home。house 强调的是房子,family 强调的是家庭成员,home 强调的是环境与氛围,三者缺一不可,有房子、儿女与感情才是完整的家。这个世界很多时候是无形的东西在决定有形的,家也一样,家里最无形的是爱与情。今天你们成家了,千万要记住:婚姻不是 1+1=2,而是 0.5+0.5=1。你们各自要去掉一半的个性,才能组成美满的家庭,因为婚姻不是占有,而是结合。每个家庭在生活的岁月里,都存在是与非、对与错,据理力争或许只会让家庭混乱,只有爱可以化解一切,理解与包容才可以让你们白头偕老!

最后,要懂得感恩,今天,在你们人生美好的时刻,你们俩的至亲长辈、人生导师、兄弟姐妹、同学朋友从四面八方赶来,见证这美好的时刻,送上最真诚的祝福,这是一份难得的令人感动的情感,值得你们永久珍藏。请相信,这份情谊也是可以白头偕老的!

这就是我对你们的祝福,以后无论你们生活在哪里,"儿行千里母担忧",记得常回家看看!爸爸妈妈们一直在守望着远方的你们。

后 记

无论是当母亲还是做女儿，妈妈和我都是第一次，没有经验，只能鼓起勇气摸着石头过河。这个世界上并没有完美母亲、完美小孩的攻略，这三十年走的路，就是最适合我们这对母女的相处之路。就像拿起这本书的每一位读者，无论你是母亲、父亲、女儿或儿子，都有着你们专属的成长故事和相处之道。

教育也许是世上最难以捉摸的事，但就像本书前言里写到的：在教育这件事上，没有一劳永逸的神奇魔法，一点一滴的改变拥有比你想象的更大的力量。我们要相信一点一滴的力量。庆幸的是，在家庭里，我们拥有很长的时间、拥有很多的机会去不断琢磨，因为有家人的包容与爱。

人与人之间最大的概率是会成为没有交集的陌生人，可是正是那仅存的微小概率，却让无数个体成为父母和孩子，成为一家人。在这世上，"有人住高楼，有人在深沟，有人光万丈，有人一身锈，世人万千种，浮云莫去求"。但无论你是哪种人，或者有一天会成为哪种人，你都幸运地拥有着亲情，这是一种不问来由，不想尽头的感情。因为有了亲情，从此，在这个变幻莫测的世界，有人恒常地爱着你。仅凭这一点，我们就应该努力成为更好的家人。

所以最后一个故事，我们把主题留给了爱，因为不管学会多少方法，没有爱，教育的目的都无法实现。